社会調査で
何が見えるか

歴史と実例による社会調査入門

平松貞実

新曜社

はじめに

「社会調査はおもしろい」ということを伝えたくて、大学での講義ノートをベースにして数年前に『世論調査で社会が読めるか』を世に出したが幸い好評を得た。「社会調査を学ぶことは社会の見方の勉強になる」と伝えたくてこの本を書いた。同じく講義ノートをベースにした姉妹編である。

学生および社会調査に関心ある人向けの教養書であるが、この本はそれに加えてさらに二つのことを盛り込んだ。一つは、実施が困難になってきている調査の現状に私なりの考えを示すということである。いってしまえば、現状を乗り越えるべくたゆまぬ工夫と努力をする以外にない。そのために先人がどう苦労したか歴史を振り返ってみようということでⅡ部を設けた。もう一つは、社会調査論を部分的に見直そうということである。社会調査の入門書はほぼ内容が決まっている。大枠に異論はないが、より精密に、より現実に合ったものに、とのいくつかの提言がある。そのためにⅢ部を設けた。このⅢ部は社会調査論を学ぶ入口としても利用していただきたい。

Ⅰ部は社会調査とは何かを大きな目で見てみようと設けた。社会調査論は単なる技術論ではなく社会科学方法論でもあるべきだという私の持論によるものである。

Ⅳ部は社会調査に関連するいくつかの課題にチャレンジしてみた。課題は無数にあり、それへの提言も無数にある。そうした課題について考えることこそ重要なのではないか。今までの入門書は型にはまった知識をただ伝えるだけだったのではないかということへの問題提起でもある。

この本は四部構成になっているが、読者の興味と目的によって自由に読んでもらえばよい。最初から通して読まねばならないものではない。社会調査独特の用語があるので、社会調査を全く知らないという人は「用語の説明」にまず目を通してから読まれることをお勧めする。

社会にとって社会調査は実に重要である。にもかかわらず、社会調査への理解は少ない。社会調査を学んでいる人もほんの少しではないだろうか。その学んでいる人も正しく学んでいるだろうかと心配でもある。また、今、社会調査は困難な壁にぶつかっている。その壁をなんとかしようとする動きがあるどころか壁はいっそう高くなるばかりである。また一部には社会調査が誤って使われてもいる。そして、それを非難する声もある。非難することは簡単だが、それが調査否定につながってよいものだろうか。調査の必要性を確認することの方が大切なのではないかと思う。社会調査への理解がこの本によって少しでも高まることを期待したい。

社会調査で何が見えるか——目次

装幀――虎尾 隆

用語の説明

社会調査　国語辞典を見ると「社会」「調査」はあるが、「社会調査」というのは見当たらない。一般的にはあまり使われない用語だということだろう。

『新社会学辞典』には、「社会調査の主たる目的は、実際の社会的場面における人間行動に関するデータを収集し、それを解析することによって、対象とする人間行動について記述と説明をすることにある」とある。『現代社会学辞典』には、「社会調査とは、特定の社会事象を対象として、その対象およびそれに関連する諸事実を、現地調査を中心として、直接的に、データとして収集し、その整理・分析・総合をつうじて、対象の科学的解明を目指す過程およびその方法である」とある。

入門書では、『社会調査ハンドブック』（安田三郎）の「社会調査とは、一定の社会または社会集団における社会事象を、主として現地調査によって、直接に（first hand）観察し、記述（および分析）する過程である」という定義がよく知られている。

統計調査と事例調査　社会調査という用語が一般的に使われないのは、いろいろな調査を含んでいるからであろう。そこで性格を明確にするために二つに分けるのが普通である。統計調査と事例調査、量的調査と質的調査、定量的調査と定性的調査などがあるが、同じような分け方である。

統計調査とは調査する対象を何かの集まりと見てその構成の状態や平均値などを見る、事例調査は調査する対象を一つのまとまりと見てその全体像や構造を詳しく調べるものである。五〇人の学級の生徒にアンケートをとっても統計調査、議員だけでも五〇〇人近くいる衆議院の「組織と運営」の研究は、それが観察や聴き取りや文献・資料の分析で行なわれれば事例調査になる。統計調査は対象が大勢、事例調査は個人ないしは少数ということではない。

個人調査と世帯調査　統計調査は対象を何かの集まりと見るが、その何かのことを「調査単位」という。具体的には「個人」「世帯」「事業所」など。調査結果の数値を見るとき、個人を対象としたものか世帯を対象としたものかといった調査単位に注意する必要がある。

テーマによる社会調査の分類　調査のテーマによって社会調査は分かれる。また、それらはそれぞれの個性をもっていて、一般的にはその名称で呼ばれ、「社会調査」とは言わない。主なものは、センサス（国勢調査）、世論調査、家計調査、社会福祉調査、家族調査、農村調査、都市調査、産業労働調査、階層調査、教育調査、マスコミ接触調査、マーケティング・リサーチなどである。

調査の仕方による分類　統計調査は調査の仕方によって、面接調査、留置調査、電話調査、郵送調査などに分けられる。最近はインターネット調査もよく行なわれる。事例調査の方法としては参与観察法と生活史法が代表的である。呼称は決まっていないが「……のエスノグラフィー」「……の生活史」などと言うこともある。

社会調査の過程　統計調査が行なわれる過程を一般化すると「企画」「準備」「収集」「整理」「分析」。「企画」には質問文や回答の作成などの調査票の作成が含まれる。「準備」には対象者を誰にするかという標本抽出（サンプリング）という作業が含まれる。データの「収集」は実査といわれ、現地で面接したり、留置法なら調査を依頼し後日調査票を回収したりする作業のことである。「整理」の大きな作業は集計である。「分析」は調査結果を解釈し報告書にまとめる作業だが、最近は「分析」でコンピュータを使った多変量解析などが使われる。

母集団と標本 社会調査では、調査したい対象を母集団（ポピュレーション）、実際に調査する対象を標本（サンプル）、母集団から標本を選び出すことを抽出（サンプリング）という。

選挙予想の世論調査で考えると、日本の有権者が母集団、調査対象として選び出された二〇〇〇人が標本ということになる。母集団から標本を抽出する方法はさまざまだが、母集団と標本が指定した項目で同じになるように選ぶ割当法（クォータ・サンプリング）と母集団から標本をくじ引きするように等確率で抽出する無作為抽出（ランダム・サンプリング）がよく知られている。

母集団を調査する代わりに標本を調べるのだから、母集団の「真の値」と調査結果との間には差が生じる。それを標本誤差（サンプリング誤差）という。無作為に抽出（ランダム・サンプリング）した場合、二〇〇〇人の標本なら二パーセントぐらいと思ってよいだろう。

全数調査と標本調査 本来調査したい母集団をそのまますべて調査するのを全数調査、母集団を調査する代わりに標本を抽出して行なう調査を標本調査という。ほとんどの統計調査は標本調査である。そのためか統計調査のことを標本調査という人もいるが、好ましいことではない。

調査票 社会調査で使われる質問と回答（選択肢）が印刷されたものを調査票という。事例調査では調査票を使うことはまれで、統計調査では必ず使うといっていい。質問や回答の仕方が決まっているので、定型とか構造化された質問といわれる。統計調査では対象者（対象世帯）に関する調査結果が一つの調査票に記録されることにより、クロス集計などの複雑な分析が可能になる。

I　社会科学と社会調査

1章　社会学の祖コントの実証主義

社会調査の神髄

学問にはそれぞれその「神髄」（エッセンス）ともいうべきものがある。大学で授業を受けると講義の最初に紹介されることがよくある。私がいうそれぞれの**学問の神髄**とはどのようなものかを知ってもらうために、事例を一つ紹介する。私が学生時代の話で何十年も前になるから、この間に世の中も学問の中身もかなり異なってきているので今では適当でないかも知れないことをお断りしておく。大学で労働法の講義を聴いていたときのことである。I先生は授業の冒頭で、「釣をしている男とそれを見ている男がいた。釣っている男が魚を釣り上げたが、途中で魚は針からはずれて土手に落ちた。その魚を見ていた男が拾い上げた。さて、魚はどちらのものか？」というような話をされた。学生は皆真剣に考えた。しばらくして先生はにっこり笑いながら、「釣っていた男の方が貧しければその魚は釣った男のもの、見ていた男の方が貧しければ見ていた男のもの、それが労働法である」と言われた。当時は労使対決、労働問題が社会で大きな比重を占めていた。だから、労働法とはそういうものだと聞き、胸に熱いものが込み上げてきたのを覚えている。このようにその学問の神髄を簡潔に説明することは多い。

社会調査の場合はどうか。労働法の小咄のように人を惹きつけるものはないが、社会調査の定義がそれに当たるといえるであろう。「……現地で、直接的に（ファースト・ハンド）生のデータを獲得し……」ということが、社会調査の「神髄」と言ってよいであろう。この本は全篇を通じて、この社会調査の神髄に当たるものを慎重に、多角的に、正確に、そしてかつ批判的に吟味して理解しようとするものであるが、あえてそれを一言でいえば「実証主義」であろう。そこでまず始めに、実証主義とはどのようなものかを取り上げることにする。

実証主義とは何か。『広辞苑』によると、「所与の事実だけから出発し、それらの間の恒常的な関係・法則性を明らかにする厳密な記述を目的とし、一切の超越的・形而上学的思弁を排する立場」とあり、『新社会学辞典』には、「科学的な命題・仮説・理論は経験的事実（言明）に基づいて構成されるべきであり、したがって提示された命題・仮説・理論は観察され経験的に確認された事実に照らしてその真偽が検証しうるものでなければならず、その検証を通じて真なることを実際に確証しなければならないとする認識論的・科学方法論的立場をいう」とある。

コントに学ぶ

社会調査の神髄が実証主義であるということには誰しも異論がないにもかかわらず、社会調査に携わっている人たちは実証主義を正しく理解し、そして、それを貫いているであろうか。私はいささか疑問を感じている。そこで、実証主義をいち早く提唱した**オーギュスト・コント**の考えを学ぶことにしたい。

コントから学びたいことは二つある。一つは、社会科学ではその扱う観念が実証的なものであるだけでなく、事象と事象を結びつける観念も実証的なものでなければならない、ということである。社会調査に携わる、あるいは社会調査の結果を用いる人は、「取り扱うデータが実証的に得られたものであるので自分たちは実証的だ」と考えがちであるが、調査結果と調査結果の関係も実証的に証明されたものでなければならず、データを扱う人の勝手な解釈であってはならない、ということである。もう一つは、複雑なものは複雑なままにとらえよ、ということである。社会科学は、これまでそれなりに多くの成果を挙げてきている。だが、そのほとんどは複雑な社会を単純化してとらえた理論である。社会科学そのものが単純化の上に成り立っていると言った方がいいかも知れない。そうしたことを否定はしないが、単純化しさえすればいいという考えは戒めたいと思う。このような考えを私が学んだのは、清水幾太郎の『オーギュスト・コント』である。この章は「社会学の祖コントの実証主義」と名づけているが、私はコントについてほとんど知らない。清水幾太郎の一冊の本を通しての理解であることをお許しいただきたい。

オーギュスト・コントは一七九八年に生まれ、一八五七年に没したフランスの学者である。「社会学」という名称を初めて使ったことで**社会学の祖**とあがめられたが、十九世紀前半に活躍した学者であるから現在はかすかに社会学の歴史に名をとどめているだけであまり重視されてはいない。コントがはじめに学んだのは数学であり、生活のために教えたのも数学であった。社会改革者にして実証主義と産業主義の提唱者であった**サン＝シモン**の下で協力者として働くなかで社会について公けに論じるようになった。初期の業績はサン＝シモンとの共同作業であり、サン＝シモンの名前で発表されているので、どれがコントのものかは判然としない。コントの代表作は講義録をまとめた『実証哲学講義』全六巻である。晩年は宗教に興味を持ち、自ら宗派を起こして教祖になっている。コントの活動の幅の広さが、今日においてコントの評価が高くない原因の一つなのかも知れない、と私は感じる。しかし、**社会科学方法論**ということに限っていえば、コントはその基を築いた一人であり、今日においてもなお高く評価できるのではないだろうか。新睦人は『社会学の方法』のなかで「《実証的であれ》と言う方法的な要請に応える活動は、コントが社会学の使命を実証主義の具現としてとらえて以来、この約一世紀半、とくにこの半世紀の間に、そのプロジェクトの広がりや予算額や理論的な展望……などにおいて急激に発展した」と述べ、現在はコンピュータの発達で実証の仕方が大きく変わってはいるが、コントを実証主義の祖のように位置づけている。

コントの実証主義とは

コントでいちばんよく知られているのは**「精神発達の三段階」**という説であろう。人間精神は神学的段階、形而上学的段階、実証的段階と発展するというものである。中学・高校の教科書にも出てきたから多くの人が知っていよう。私がはじめてこの説に接したときには、「形而上学」という言葉が強く印象に残った。というのは、形而上学という言い方がいかにも知的な精神活動をする人間的なものと思われたからである。だから、それよりさらに進んだ実証的な学問が崇高なものに思えた。もう少し踏み込んでいえば、形而上学である人文科学よりも実証科学である自然科学の方が上なのだという考えになんら疑問を感じなかった。

ところが、である。清水幾太郎『オーギュスト・コント』によると、「第一の神学的段階では、少数の孤立した観察があって、それが幾つかの超自然的観念によって結合される」、「第三の実証的段階は、精神の最後の段階で、観察された事実は著しく増し、それらを結合する観念も、それ自身、事実によって暗示ないし確認されたもの、或いは事実そのものである」となっている。要は実証的かそうでないか、なのである。「第二の形而上学的段階は過渡的で折衷的なもの」である。庄司興吉は『社会学の基礎知識』で、「発展段階論は十九世紀の社会思想あるいは社会科学の主柱の一つであり、最大の遺産の一つである。（中略）コントは、人間の精神的な活動が神学的段階から形而上学の段階を経て実証科学の段階に発展するという《三段階の法則》から、人間の社会もそれに対応して、軍事的な段階から法律的段階を経て産業的な段階に発展すると考えた。（中略）コントの発展段階論は、彼自身、法律的段階が前後の段階の過渡的なものに過ぎぬことを認めていたから、実質的には二段階論とみて差し支えない。この種の二段階論は、その後の社会学的発展段階論のモデルとなり、軍事型社会から産業型社会への進化を唱えるスペンサーの理論は言うまでもなく、《ゲマインシャフトからゲゼルシャフトへ》というテンニースのそれや、《環節的社会から有機的社会へ》というデュルケームのそれなどに代表されるように、繰り返し作り直され、そのたびごとに洗練されてきた」と述べている。コント自身が「三段階」という表現をしているために、三段階と受け止めてしまうが、社会の変化を二分法でとらえていたというのが正しいだろう。重要なことは、「形而上学」に市民権を与えているのではなく、実証こそが大切だとコントは考えていたということである。

私がコントにまず惹かれたのは、精神の第三段階で「観察された事実は著しく増し、それを結合する観念も、それ自身、事実によって暗示ないし確認されたもの、或いは事実そのもの」と主張していることである。社会調査に携わる者は、自分が実証的研究をしていると自負しているが、「それを結合する観念」を調査でどれだけ実証しているか疑問だということは、すでに述べたとおりである。

社会科学の理論

それでは、第二の点、社会学の祖といわれるコントはどのような社会学を考えていたのだろうか、という問題に移る。コントが活動した時代は、アリストテレスの『政治学』やアダム・スミスの『国富論』はあったが、今日でいう政治学や経済学が確立されていたわけではなく、ましてや社会学などは全く姿形が見えていなかったので、コントのいう社会学は今でいう社会学とは異なり、社会科学に近い。社会学のなかで総合社会学と呼ばれるものである。コントの「社会学」という呼び方自体も一定しておらず、「社会物理学」という言い方もしている。そのへんは深入りせず、コントはどのようなものを考えていたか、を追ってみたい。

コントは**学問の序列**を考えている。天文学、物理学、化学、生物学、社会学（社会物理学）の順である。他の箇所の記述から考えると、天文学の前に数学を置くことができる。これらが実証科学として成立するのは前者ほど易しく、後者ほど難しい、ということである。別の言い方をすれば、それを実証科学としてみた場合だが、数学は最もレベルの低い学問であり、社会学（社会物理学）は最もレベルの高い学問である、ということである。数学や物理の数式に悩まされてきた者にとっては信じがたいことであろう。数学が最も下で、次が理科、そして社会科が一番上というのだから。この学問の序列をコントは適当につくったのではない。①対象が単純であるか複雑であるか、②他の学問への依存度が高いか低いか、③特殊であるか否か、④人間との関係が直接的か間接的か、を基準にして序列を決めたのである。

清水幾太郎『オーギュスト・コント』を読んで、コントの学問観に感銘を受けたのは、学問が実証的な学問となる条件をきっちりと述べていることであった。それらは当然のことながらフランス語で語られている。日本語に訳された場合には訳者によって少しニュアンスは異なるが、概ね一致している。しかし、誰の訳を見ても私にはしっくりこない部分（後述の⑤番目）があった。そこで、コントがどう述べたかは無視して、私流にかえて表現してしまうことにした。コントの時代には「体系」などという考えはなかっただろうから、現代の用語に直して表現してもよかろうというこ とでもある。さて、コントが掲げた実証的な学問の条件とは、①リアルなもの、②役立つもの、③確実なもの、④精密なもの、⑤体系的なもの、⑥相対的なもの、である（清水幾太郎『オーギュスト・コント』では⑤は建設的なものとなっている）。社会学あるいは社会科学の理論はこの六つの性質を備えているべきだということを十九世紀前半に彼は述べている。どのようにしてこの六つを思いついたのかは知らないが、今見ても実に素晴らしいものだと思う。

ホモ・エコノミクスを前提としたアダム・スミスなどの初期の経済学の理論では現在の経済現象を十分には語りえない。壮大な社会理論を構築したマルクス主義の理論も通用しないことを露呈した。限りない汎用性を志向したパーソンズの理論も抽象的過ぎて実用的でない。社会全体を総合的にとらえようとしたこうしたこれまでの理論は、社会を一つの原理で、あるいは高度に抽象化して、とらえようとした。コントは社会を一つの原理で説明したり、抽象化したりすることを戒めていると思う。私は、コントは「複雑な社会は複雑なままでとらえよ」と主張しているものと受け止めている。

問題は、コントがいうような六つの条件をそなえた社会を総合的にとらえる科学が果たして成立するのかということである。コントも社会学（社会物理学）が実証科学として簡単に成立するとは考えていなかったようだ。永遠に不可能だと思っていたのかも知れない。

社会科学とはどのようなものなのだろうか。複雑な社会を写し取ったもの、あるいは複雑な社会を説明するもの、である。理想をいえば、社会の森羅万象に対応しうるものが望ましい。しかし、そういうものは不可能であって、社会の一側面あるいは一部分を説明する学問とならざるをえない。それでも、その一側面（一部分）が社会の全体から切り離されているわけではないから容易なことではない。容易でないものを容易にするためであろう、一つの原理で説明するといったような極度な単純化へと走った。社会を丸ごととらえようとする**グランド・セオリー**（総合理論）は、そうした単純化の道へ入り込んでしまった。そうしたグランド・セオリーに疑問を持った結果か、今は多くの学者は特定の分野に入り込んで特定のことがらの研究に没頭して、社会全体を論じようとしない傾向がある。

中範囲の理論

少し古いが、そういう状況を打破しようとして**マートン**は「**中範囲の理論**」というものを提唱した。これは、社会全体を説明する理論の構築は難しいからそれはしばらく脇に置き、個別研究だけでは前進がないから、個別研究を集めて一定範囲に適用される理論（中範囲の理論）の構築をまずやろう、というものである。マートンは、いずれは中範囲の理論を束ねることによってさらなる前進を考えていたのであろう。このマートンの提唱については、中範囲の理論が具体的にどのようなものを指すのか不明瞭だという批判があるが、一方では、**ホマンズ**の『ヒューマン・グループ』のようなお手本があるという指摘もある。

ホマンズの『ヒューマン・グループ』を簡単に紹介しておく。

ホマンズは、「研究しようとするのは、世界においてわれわれにもっとも身近なもの、なかんずくもっとも身近な形態 ― 人間集団である」とし、その理由を「主題に対する関心そのものと新しい社会学的総合に達したい希望がある」と述べている。中範囲の理論と関係する、新しい社会学的総合に達したい希望についてては、「この研究を通じて新しい社会学的総合に到達できるかもしれない」と述べている。少し長いが以下に引用する。「初代の社会学者であるコント、スペンサーの世代、そして第二世代のパレート、デュルケーム、マックス・ウェーバーの世代は、不十分ながらも偉大な総合を作りあげた。第一次世界大戦と第二次世界大戦との間に活躍した第三世代はその先輩の例を差し控えた。しかしかれらは多くの示唆にしたがって特殊社会集団の多くのすぐれた詳細な研究をなした。この世代の仕事過程において、多くの仮説が考え出された。けれども仮説はそれらがよってきたところの資料の域を出なかった。(中略)第四世代である現代の社会学者は、特殊研究が引き出した観念を組み立て、明白にまた一般的に構成するためにもう一度総合の必要を感じている。社会学は事実をむさぼるように食った。それらを消化することが必要である」。

第四世代の社会学者としてホマンズは、『ホーソン実験』『アイルランドの家族と社会』『ストリート・コーナー・ソサエティ』『われらチコピア族』『未開ポリネシア経済』『一九〇〇年末の農村ニューイングランド社会の構造と機能の変動』などを素材として、「活動」「相互作用」「感情」の三要素に「規範」という概念を加え、小集団に関する理論の一般化を試みた。その成果が中範囲の理論の成功例とされている。実証研究とは、個々の事実を研究するということだけでなく、いくつもの研究をまとめ再構成することも含むということを示した事例として、『ヒューマン・グループ』は高く評価されてよいであろう。

中範囲の理論が個別研究から積み上げられるのに対し、頭の中で構築したモデルを現象に対応させて説明しようという試みも多い。特定の現象（特に経済現象）では成功し、実用化もされている。そうしたモデルは特定の現象を想定してのことではあるが、本来は社会全体を説明しうる総合理論を踏まえたものであるべきであろう。

そこで、社会現象と理論を私なりに整理してみると、図表1‐1のように現象と理論が対応すべきなのだが、現状は図表1‐2のように現象と中間の中範囲の理論ないしはモデルとが対応している構図になる。

総合理論のあり方

ここで考えたいのは、図表1‐2の総合理論である。ここに位置するものは両極端の二種が考えられる。一つは極端に単純化し、本質的なものだけにし、高度に抽象化した理論、もう一つは複雑

図表1-1　理論と現象

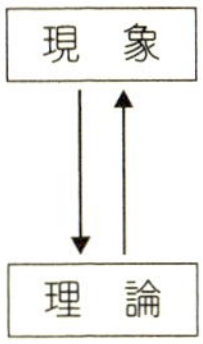

図表1-2　中範囲の理論

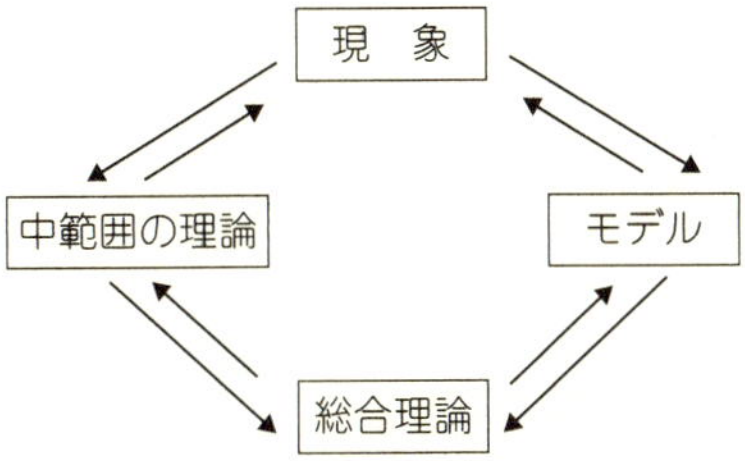

人間は外部の現象を認識するとき、頭の中に持っている理論（知覚の像）を現象と重ね合わせることによって行なっている。図表1-1のように、現象と理論は対応させられる。

だが、社会全体を理解するための理論を持つことは容易でない。そこで図表1-2の「中範囲の理論」とか「モデル」を暫定的に用いることになる。

怪奇な壮大な理論である。前者はこれまでに生み出され、その限界を露呈した理論である。後者は私の考えるところのコント流の総合理論だが、生み出される可能性はゼロに近い。

それならどうすべきか。私は図表1‐2を大切にすることだと思う。人間の思考による総合理論づくりというものは、いつか完成できるというものではないから、完成までどれぐらいということよりも完成の方向を向いて進んでいるということが大切なのである。コントの六つの条件を備えた総合理論を志向しながら、中範囲の理論やモデルの改善に努めるのが現実的な道であると思う。

社会調査の神髄ともいうべき実証主義を言葉で理解することは、二つの辞典に見たようにそう難しいことではない。しかし、実際に調査で社会を見るときに、実証主義を具体的に実行することは容易なことではない。多くの社会調査は、ホマンズのいう第三世代の社会学者のように「特殊集団に適用するにとどま」っているのが実状ではないだろうか。第四世代もはるか昔となった現在では、コンピュータや通信手段の発達もあって大規模な調査が活発に行なわれているが、それから理論を導き出して社会全体を見ようという気風はほとんど感じられない。オーギュスト・コントの実証主義を思い出す必要性はいっそう強くなっていると言いたい。個々の調査結果で見る社会はほんの一時の社会のほんの一断面でしかないのだ。

社会調査の本でなんで総合理論か、と思う人もいるであろう。**社会調査の神髄は実証主義**である。この実証主義は「現地で、直接的に（ファースト・ハンド）生のデータを獲得し……」ということでは本来は済まないのである。何を実証的に見るかといえば、目先のことがらではなく社会なのだ、ということに注意を喚起したかったのである。個々の社会調査のもたらすデータは社会を実証的に見る一素材でしかないのである。

二十世紀に大きな影響を与えた理論は、ダーウィンの進化論、マルクスの社会理論、フロイトの精神分析学であろう。これらはともに「事実」の観察にもとづいてはいるが、どれも事実の観察だけで導き出されたものではない。天才の思考に負うところが大きいことを忘れてはなるまい。

2章　社会科学の研究方法

社会調査とは

「社会調査」という言葉は、ごく普通に通用するし、それがおよそどういうものかということもわかる。だが、社会調査とは何かを今一度よく考えてみると、必ずしも明確ではない。その理由を考えてみると、第一には、広く行なわれている社会調査のたぐいが、それぞれの場所で、それぞれの名称で呼ばれ、社会調査とは名乗っていないことがある。例えば、世論調査、マーケティング・リサーチ、センサスなど。第二には、社会を調査・研究する活動なら何でも安易に社会調査のなかに取り込んできたこと。例えば、国が行なう人口調査、文化人類学者が行なうフィールドワーク、心理学者や教育学者が行なう小集団の研究などなど。第三には、社会調査という用語を、手法（すなわち研究方法）をさすのか、活動（具体的に実施される調査）をさすのか、産物（報告書としてまとめられた成果）をさすのか、ということをあまり区別しないで使ってきたことがある。第四には、社会調査という用語を使用せず、調査とかアンケートといった茫洋とした表現を使うことが多いということである。

その一方で社会学者たちは、「社会調査とは、一定の社会または社会集団における社会事象を、主として現地調査によって、直接（ファースト・ハンド）に観察し、記述（および分析）する過程である」（安田三郎『社会調査ハンドブック』）と定義することによって、社会調査を素晴らしい方法であるかのように印象づけてしまった。社会学者たちがそう思っていたというのではないが、「現地で」「ファースト・ハンドに」という二つの言葉の持つ響きが、素晴らしい手法であるかのような印象を与えてきたのである。そして長い間、「現地で」とはどういうことなのか、「ファースト・ハンドに」とはどういうことなのか、を厳密に問うことは、ごく一部の人たちしか行なってこなかったのである。社会調査に含まれる実際の調査と社会調査の定義とのギャップがあるにもかかわらず、そのことはあまり考えられずにきている。

統計調査と事例調査

「社会調査」を盛山《せいやま》和夫は「統計調査」「事例調査」というように分けている（『社会調査法入門』）が、社会調査が統計調査と事例調査とにどのように区分けされるか、を簡単に説明する。調査の対象となる集団や社会が個人あるいは世帯などで構成されているととらえ、その構成がどうなっているかを数量的にとらえようというのが**統計調査**である。調査対象が個人であろうが集団であろうが社会であろうが、それを一つのまとまりとして全体を調べるのが**事例調査**である。統計調査か事例調査かには調査対象の大小は関係がない。佐藤郁哉は『フィールドワーク』で「サーベイ」と「事例研究」を対比して説明しているが、呼称が異なるだけで統計調査と事例調査の対比と内容は同じである。「統計調査」と「事例研究」としている人が多い。

統計調査と事例調査の対比はこれまで多くの人が行なっている（『社会学の基礎知識』）が、統計調査と事例調査を安易に対比させることには異議を差しはさんでおきたい。統計調査は多くの対象について少ない質問項目を、事例調査は少ない対象に多くの質問項目を、といった説明である。大雑把にいえばそのとおりだが、こうした対比でステレオタイプ化することは、統計調査の可能性、事例調査の可能性を忘れさせている弊害もある。両者とも、社会をとらえることに情熱を持つべきであるし、そのために手法の可能性を極限まで追求すべきである。その結果重なり合う部分が出てくれば、それが最高ではないか。両者のそれぞれの特性を理解するために対比は必要だが、それがいき過ぎてはいけない。

社会調査という言葉はいろいろに使われる。さまざまな意味を含むことはすでに述べた。社会調査と統計調査の関係について述べれば、社会調査は統計調査の上位概念であって、統計調査は社会調査に含まれる。質的調査とか定性的調査とも呼ばれる事例調査も社会調査に含まれる。だが、問題をややこしくするのは、社会調査という用語が統計調査とほぼ同じ意味で使われることもあることである。この本で統計調査という用語をあえて使うのは、他の手法との関係を明確にするためであって、記述的には社会調査と表現した方がすっきりする箇所もあることを断わっておきたい。

さて、話を戻す。社会調査というものの性格を明確にし、また、社会調査が人間社会を研究する社会科学の方法のなかでどのように位置づけられるのかを検討するのがこの章である。「社会調査」という呼称ではあまりにも多くのものを含んでしまうので、明確なイメージを持つために「統計調査」という用語を使用し、「事例調査」を含む他の社会調査は**「観察聴取」**として表現するようにしたい。あえて「観察聴取」としたのは、社会学者が行なう参与観察法や生活史法による調査だけでなく、心理学で行なう内観法、マーケティング・リサーチでのグループ・インタビューやタウン・ウォッチングなども含むように、「事例調査」よりも広い意味を持たせるためである。

全体の俯瞰図の検討にあたっては、これまで社会科学の方法を論じている初歩的な書物を参考にし、私なりの整理をするという方法をとっている。

文献研究と実証研究

社会科学の研究方法で貴重な教えを受けたのは、**川喜田二郎**の『**発想法**』である。文化人類学者の川喜田二郎は、文化人類学が行なうフィールドワークを位置づけるために、従来の人文科学・社会科学・自然科学という学問の分け方に対し、**「研究という名の仕事」**のプロセスの図式を考案して、書斎科学・野外科学・実験科学という分け方を提示した。川喜田二郎の考え方は、研究には「思考レベル」と「経験レベル」があることを基本としている。そして、「研究という名の仕事」は思考と経験（実証）とから成り立っているとしている。「問題提起」にはじまる**研究**は主として「探検」「観察」「発想」すなわち発想法による野外科学、「推論」すなわち演繹法による書斎科学、「実験計画」「観察」「検証」すなわち帰納法による実験科学ということになる。フィールドワークは野外科学に位置づけられる。科学の新しい分類が従来の分け方に対してより優れているかはともかく、演繹法・帰納法に加えて発想法を主とする科学の存在を提起したこと、研究には思考レベルと経験レベルがあることを指摘した意義は大きい。

「研究」という語を「社会調査」に置き換えてみると、社会調査の過程には「思考レベル」と「経験レベル（観察）」を含むこと、社会調査には**「発想」**を主とする調査と**「検証」**を主とする調査とがあるといったことが見えてくる。社会調査の過程の理解に、また事例調査と統計調査との区分やその位置づけの理解に、参考になる。川喜田二郎の考え方とその社会調査への適用については前者『世論調査で社会が読めるか』で詳しく述べた。

社会科学の研究方法としてどのようなものがあるかで、最も参考になったのが前章で取り上げた**オーギュスト・コント**である。社会物理学（社会学）を実証科学とすることを提唱したコントは、その研究方法として、「歴史法」「比較法」「観察法」「実験法」を挙げている。

教育学の方法として、「教育の研究」「制度の研究」「心理学の諸発達」「先覚者の論の研究」があると教わったことがある。「先覚者の論の研究」というものに惹かれた。学問は実証的でなければならないが、実証的になってきたのは順次であって、すぐれた学者の考えが先行し、それがしだいに検証されて実証的な科学が形成されてきた。先覚者の教育論を学ぶということと同じように、社会科学でもその研究方法として、これまでに築かれてきた理論を学び、それに磨きをかけたり修正したりすることは、通常よくあることである。これを社会科学の方法論のなかできちんと位置づけるべきであると私は考える。

シクレルは、『社会科学の方法と測定』のなかで「測定（調査）」「人口学的方法」「歴史的資料分析と内容分析」「実験」を挙げている。「測定（調査）」「歴史的資料分析と内容分析」といった具体的手法がコントがあげた四つの方法をより詳細なものにしていくのに参考になる。

イーストホープは、『社会調査方法史』で、「実験的方法」「踏査法」「参与観察法と生活史法」「比較研究法」「測定と分析」を挙げている。社会調査の方法の分類が主であるが、「比較研究法」のようなものも取り込んでいる。イーストホープは、「実験的方法」の例として『ホーソン実験』、「踏査法」の例として『ロンドン路地裏の生活誌』、「参与観察法と生活史法」の例として『ストリート・コーナー・ソサエティ』と『ジャック・ローラー』、「比較研究法」としてコントやマルクスの研究、「測定と分析」の例として『ヤンキー・シティ』を上げている。さまざまな手法がさまざまな成果を挙げてきたことがわかる。

ギデンズは国際的にテキストとして採用されている『社会学』のなかで、研究調査法の主なものとして「フィールドワーク」「統計的調査」「資料調査」「実験」を挙げている。**フィールドワーク**は参考観察と同じ意味で、「目新しい、予想しなかったことがらに対応したり、調査自体の過程で判明した研究の糸口を追求していくことが可能」とその長所を述べている。**統計的調査**は「調査対象として選ばれた一群の人びとに質問票を郵送したり、あるいは面接して直接質問票による調査をおこなっていく」「広い領域に十分に確信をもって適用できるデータを得るために有用」と評価し、事例として『ピープルズ・チョイス』(11章で詳述)をあげている。ギデンズの研究法は社会科学の研究法でなく社会学の研究法であるが、それだけに社会調査については詳しい。

用語が統一されていないところもあるので説明しておく。イーストホープの「参与観察法」とギデンズの「フィールドワーク」はほぼ同じものであろう。シクレルの「測定」とギデンスの「統計的調査」とは同じとは言い切れないが、ほぼ同じと見てよいであろう。

以上をふまえ、社会科学の研究方法を私は図表2 - 1のように整理したい。図表について簡単な説明を加えておく。

文献研究の方法

「歴史研究」は、歴史学者が資料を分析して歴史的事実を明らかにするといった研究ではなく、そうした成果としてできあがった歴史のなかから、社会の構造や変化についての理論や法則を見つける研究である。マルクスの社会観や社会理論、マックス・ウェーバーの社会学理論、テンニースの『ゲマインシャフトとゲゼルシャフト』、デュルケームの『分業論』などがこれに当たる。

「制度・文化の比較研究」も、既存の社会についての知識から社会を比較して、社会の構造など

図表2-1　社会科学の研究方法

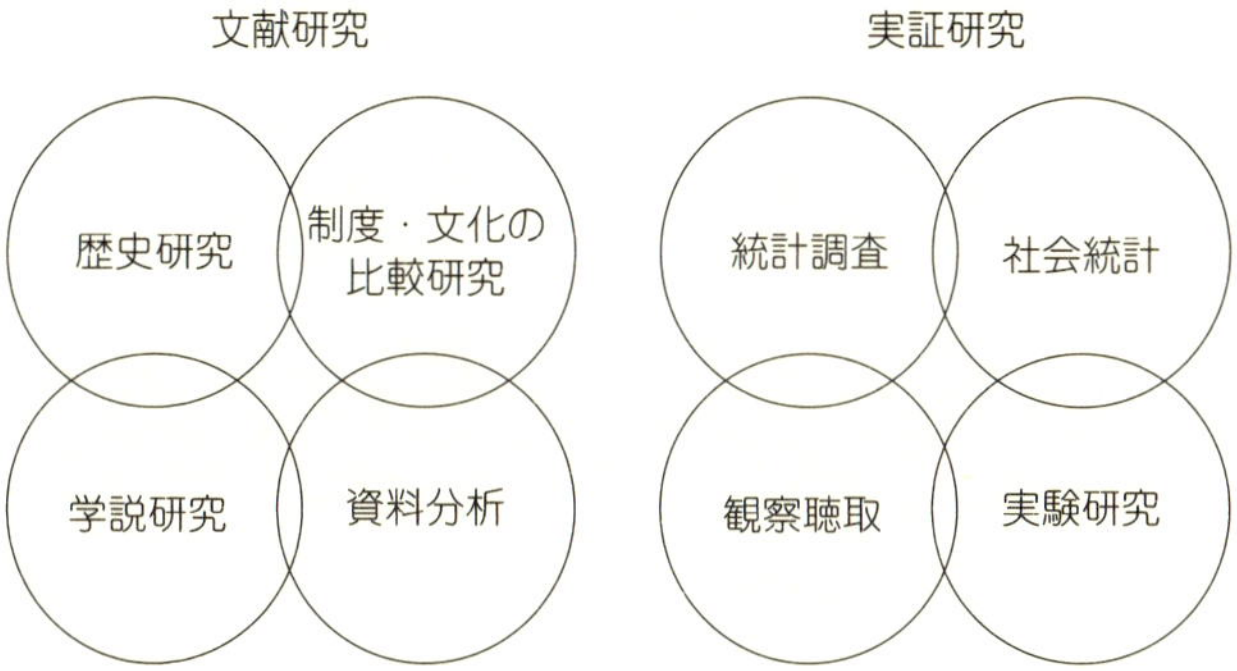

社会科学の研究方法は大きくは文献研究と実証研究に分けられる。それぞれを4つのタイプに分類した。

「社会調査」は「統計調査」のすべてと社会統計、観察聴取、実験研究の一部を含む範囲に当たる。

を解明するのである。三権分立などを説いたモンテスキューの『法の精神』がこれに当たる。狩猟社会・農耕社会・工業社会といった比較、父系社会・母系社会といった家族制度の比較、海洋国家・内陸国家といった比較など、さまざまある。

社会についての社会科学の知見の多くは「歴史研究」「制度・文化の比較研究」によるものである。

「資料分析」は、いくつかのものを一つにまとめてしまっているので断わる必要があろう。歴史的な資料の分析、生活史法にみられるように個人的な資料の分析、公的機関の資料の内容分析などがここに含まれる。資料によっては次に述べる「観察聴取」に限りなく近いものもある。ギデンズは、資料調査の実例として、アッシュワーズの第一次世界大戦における塹壕戦の研究を上げている。アッシュワーズは、塹壕戦で兵士たちがどう戦ったかを明らかにするため、軍の公式の記録のほか、兵士の手記などを克明に調べた。その結果、兵士たちは軍の上層部からの命令に必ずしも従わず、自分たちで攻撃や休戦をコントロールしていた、ということを明らかにした。戦争の最中に塹壕の中で調査するということは不可能だが、遡って参与観察法を行なったかのような結果を出している。このような研究も可能なのである。

実証研究の方法

「観察聴取」について説明する。このような用語が一般に使われているわけではなく、先に述べたようにこの表のために用意したものである。具体的な調査としては、参与観察法による調査、生活史法による調査などになる。事例調査という用語に近いが意味をそれより広くした。代表的な調査をいくつか紹介しておく。参与観察法の代表的な調査として、**マリノフスキー**の『西太平洋の遠洋航海者』（一九二二年）がある。マリノフスキーは一九一四年から一八年まで三回にわたってニューギニアのトロブリアンド諸島に単身で住み、現地の言語を覚え、現地の人たちと生活をともにしながら観察した結果を報告書にまとめた。**ラドクリフ＝ブラウン**の『アンダマン島民』（一九二二年）とともに、二人は構造機能主義に立つ新しい文化人類学を拓いたと高く評価されている。参与観察法による調査としては、**ホワイト**の『ストリート・コーナー・ソサエティ』（一九四三年）も代表的なものである。ホワイトはセツルメントを通じて、ボストンのスラム街コーナーヴィルのドックが頭《かしら》の、街のチンピラ集団ノートン組に一九三七年から四〇年まで仲間として加えてもらい、そこでの参与観察を通じて、組織化されていないことが問題だとされていたコーナーヴィルにも独自の規範、独自の社会があることを明らかにした。

これらは、一人の研究者が長期間現地に入り込み、行動をともにしながら詳細な観察を行ない、調査結果を文章で提示したものである。他にも、アンダーソンの『ホーボー――無宿者の社会学』（一九二三年）、スラッシャーの『ギャング』（一九二七年）、マーガレット・ミードの『サモアの思春期』（一九二八年）など、数え上げればきりがない。

観察聴取のもう一つの代表的な手法として生活史法がある。**生活史法**とは、調査対象者への何回もの聴き取りのほか、手記・日記・手紙などの資料の分析、また社会機関による記録、新聞記事などを駆使して対象に迫るもので、調査対象は一人である場合もあれば、大勢であることもある。代表的な調査に、**トマスとズナニエツキ**による『ヨーロッパおよびアメリカにおけるポーランド農民』(一九一八〜二〇年)がある。トマスとズナニエツキは「個人の生活記録をできるだけ揃えれば、それは完璧な社会学的資料といえる」という考えのもとに、ポーランド農民についての膨大な資料を集めて分析し、ポーランド農民の特性と、移民後、彼らがアメリカの生活に同化していく過程を描いて見せた。

「観察聴取」に当たるものの多くは社会調査のなかに含められてきたが、「統計調査」とは手法的に全く別種のものである。「社会調査」と漠然と呼んできたものを「統計調査」と「事例調査」、あるいは「統計調査」と「観察聴取」とに分ける方がそれぞれの発展のために望ましいのではないかと考えるのは、手法というものを中心に考えたいからである。研究テーマ・研究成果という視点で見れば、二つを区分する必要はない。どちらかを学んだだけで「社会調査」の手法を学んだとすることは社会調査の技術的レベルを低いままにしてしまうのではないか、ということを私は危惧する。

次に「**実験研究**」について説明する。『広辞苑』によると、「実験」とは「理論や仮説が正しいかどうかを人為的に一定の条件を設定してためし、確かめてみること」とあるが、理論や仮説がそれほど明確でなく、「どうなるか」見てみようという場合もある。要は「人為的に一定の条件を設定して」いるかいないかが、実験であるかどうかのポイントであろう。自然科学の場合には、酸素と水素で水をつくってみる、とか、コブラとマングースを一つの檻に入れて闘わせてみる、といったことができるが、人間を対象とする社会科学では実験は自然科学のようにはいかない。基本的には観察聴取だが、広い意味で人為的に一定の条件が設定されるということである。厳密な意味での実験とは限らないということで「実験研究」としてみた。

社会調査で優れた「実験研究」は、9章で紹介するホーソン工場での照明実験がある。「実験研究」がよく用いられるのは小集団の研究、コミュニケーションの研究、教育効果の研究などの分野である。

純粋な実験は人間が対象の社会科学ではむつかしいが、条件の異なるものを比較する、あるいは調査の結果を条件の異なる集団に分けて比較する、といったことで、実験に近い状態を得るという方法がよくとられる。また、何かのアクション（例えば政策についての情報のリーク）を起こし、その結果を見るといったことで、実験という考え方が生かされることもある。厳密な意味での「実験」は少ないが、実験的な調査は少なくない。

「社会統計」について説明する。統計は自然現象、社会現象を問わず広く見られるが、「社会集団の状況を数字によって表現したもの」を社会統計という。社会統計には第一義統計と第二義統計（業務統計）とがある。第一義統計とは統計調査の結果得られる統計、第二義統計とは行政上の記録や報告などにもとづいて得られる統計である。人口統計を例にとると、国勢調査の結果得られたものが第一義統計、戸籍と出生・死亡届をもとに算出された人口が第二義統計に当たる。第一義統計は統計調査にもとづく社会統計であって、図表2-1でみれば統計調査と社会統計の輪が重なる部分である。

社会の実態や変化を認識する場合、社会統計に負うところが大きい。社会統計抜きには今や社会科学は存立しえないし、社会科学が精密になってきているとすれば、それは社会統計の充実のお蔭である。社会統計で重要なことは、データ作成上の分類基準などが統一されていて、地域間の比較、あるいは時系列的な比較ができることである。ただ数字があればいいということではない。人口統計にはじまり、家族構成、住居、収入、職業などに加え、さまざまな生産・流通・消費などの経済統計が現在は整備されている。

「統計調査」は社会調査の一種で、決まった手法で質問をし、その回答で集団や社会の状況を数量的に把握するものである。世論調査やマーケティング・リサーチなどもこれに含まれる。景気動向を知るための『日銀短観』(企業短期経済観測調査)も、統計調査によるものである。統計調査がどのようなものかは、Ⅱ部とⅢ部で詳しく示す。

社会調査の生かし方

さて、社会科学の方法としての「社会調査」とは何か。社会科学の研究方法を示した図表2-1で見れば、「統計調査」のすべてと、「社会統計」「実験研究」「観察聴取」の一部を含むものである。「社会調査」という場合は多様な手法が含まれる。「統計調査」と「観察聴取」(あるいは事例調査)とに区分する方がよいのではないか、とはこの章のはじめの方で述べたとおりである。

この社会科学の研究方法の章で私が述べたいことは三つある。第一は、社会科学の研究方法には文献研究と実証研究の二つがあるということ。どんな調査を行なうときにも、それを実証研究と思い込まずに、文献研究もあわせて行なう必要はないかと考えてみることが大切である。第二は、統計調査は社会科学の研究方法の一つであって、唯一でも絶対でもないということである。第三は、統計調査は観察聴取、社会統計、実験研究と隣接した一つの独立した手法であるということである。

統計調査の位置づけについて、私の考えを述べておきたい。統計調査は明確な目的をもって行なわれ、大きな労力をついやし、そしてファースト・ハンドにデータを得る。そのため、そのデータを大切にする。それはよくわかるのだが、統計調査で得るデータは断片的な資料でしかないのである。われわれが知りたいのは人間や社会についてであって、たった一つの調査で知りうるようなことではないはずである。盛山和夫は社会調査を「研究的な調査」と「実務的な調査」とにも分けている（『社会調査法入門』）。研究的な調査では知的活動により理論を構築することに重きがあるのに対して、実務的な調査では得たいデータを得ればそれで目的を果たしたということになるかもしれない。しかし、どのような調査でも、人間や社会について知ろうという知的活動と無縁ではない。実務的な調査のデータからも、それを再分析することで理論めいたものが導き出されることもある。また実務的な調査の設計も、人間や社会の知識なしに行なわれることはない。すべての調査は経験レベルでの活動と知的レベルでの活動とから成り立つと考え、すべての調査の有効な利用にもっと目を向けるべきだと私は思う。

3章　世論と世論調査

世論とは

いきなりの質問で恐縮だが、「世論」はどう読むか？　「よろん」と読む人が多いが、「せろん」とも読んだ。「せいろん」と読んだ時代もある。そもそも「世論」は「輿論」の当て字であって、「輿論」（よろん）と「世論」（せいろん）とが並立していた時代もあったのである。用語の詮議は本来好むところではないが、こと「世論」（よろん）に関しては、それがどういうものであるかを理解するのに、用語の変遷を知るのは役立つ。

明治時代は「世論」（せろん、せいろん）は世評・風評のこと、それに対して、京極純一によれば、「輿論」（よろん）は議会政治という政治制度の奥殿に祭られたご神体であった。**リップマン**は、世論を小文字のパブリック・オピニオンと大文字のパブリック・オピニオンとに区別している。小文字は人々の脳裏にある諸々のイメージ、大文字は人の集団によって、あるいは集団の名の下に活動する個人が頭の中に描くイメージである。リップマンの考えが明治時代の「世論」（せいろん）と「輿論」（よろん）とにぴったり重なるというものではないが、二種類あるという点は共通している。

第二次世界大戦後、漢字が制限されて「輿」の字は使えなくなった。漢字を制限した文部省は「輿論」の代わりに「民論」「公論」を考えたようであるが、同音ということから「与論」が使われた。だが「与えられた」というイメージはよくないということで、『毎日新聞』『朝日新聞』が使用した「世論」が定着した。昔の「世論」（せいろん）は「うわさ」などに置き換えられた。新聞は表記のみで表音はないから、「せろん」「よろん」と読み方に統一はなかったが、だんだん「よろん」に落ち着いたようである。

さて、この章で問題とする**「世論」**（よろん）は「輿論」、大文字のパブリック・オピニオンであって、「うわさ」や小文字のパブリック・オピニオンではない、ということをまず断わって先に進む。まず理解してもらいたいことは、「世論」とは本来はさまざまな形で存在しているものだ、ということである。

「世論」とは政治のダイナミズムのなかで一定の力を発揮し機能しているものである。多数の人たちが共通して持っている意見ではあるが、高橋徹によれば、それは単なる意見ではなく、①争点のある、②人々にとって重要な関係のあることがらについて、③多数の人に支持されている、顕在化した意見である。こうした諸条件を忘れてはならない。

では、このような「世論」は歴史的にどのように現われてきたのだろうか。**ブライス**は、①支配者の意志に対する受動的・従属的段階、②支配者の意志に対して批判的・攻撃的になった段階、③選挙における多数性の原則が政策を動かすようになった段階、④常に国民の意見が測られるようになった段階、と整理した。③は議会制度、④は世論調査を意味している。**高橋徹**は、日本の「世論」の変遷を、⑴為政者がおもんぱかった民の声、⑵有産階級の意見、⑶新聞の論調、⑷大衆運動、⑸圧力団体、⑹議会の多数、⑺世論調査、としている。少し解説すると、「世論」というものを最初に意識した政治家は圧政をしいた政治家たちだと言われている。ヨーロッパではネッケル、日本では井伊直弼などである。⑴は近世の圧政をしいた、かつ聡明な為政者が意識した世論である。⑵の有産階級の意見とは、資本主義初期のブルジョワジーの議会である。あるいは官選知事の全国知事会議、高額納税者だけに選挙権が与えられた頃の議会、などである。⑶の新聞の論調とは、党派性をもって天下国家を論じた大新聞の論調ということであって、娯楽中心の小新聞や現在の報道主義の新聞の論調ということではない。⑷大衆運動とは、大正デモクラシーの雰囲気のなかでの労働運動、あるいは社会運動である。⑸圧力団体とは、第二次世界大戦後の総評、主婦連などで、議会が草創期だったときからあり、普通選挙制度が定着した以降についても当てはまる。⑹、⑺は説明を必要としないであろう。

ブライスや高橋徹の世論の発展段階から、何を学ぶべきなのであろうか。「世論調査」が世論の最も進歩した最終段階という見方もできなくはないが、私は「世論」の種類が増えてきたと受け止めている。世論調査は有力な世論であるが、選挙によって構成された国会も有力な世論反映の場であるし、圧力団体のようなものがなくなることはない。為政者がおもんぱかる民の声というものも、その度合はともかくとして存在するし、政治にそうした側面がないと困りもする。

世論調査とは

「世論調査」は世論をとらえる方法であるが、世論をとらえる唯一の方法ということではない。世論調査研究会編著の『世論調査ハンドブック』には、行政側が世論を把握する方法として、①窓口公聴的手法、②公聴会的手法、③モニター制度、④世論調査、⑤マスコミの内容分析、を挙げている。①窓口公聴的手法は、苦情や陳情を受け、問題を解決するというのが第一義である。②公聴会的手法は、行政の責任者が出かけていくのだが、各層のリーダーの声が多くなる。③モニター制度は、有益な意見を求めるのが第一義。④世論調査は、全体の傾向を概括的に把握するマクロ的手法。⑤マスコミの内容分析は、報道内容を分析して間接的に世論の動向を明らかにするもの。厳密な意味での、先に述べたような「世論」をとらえる方法とはいえないものも含まれてはいるが、決して「うわさ」をとらえようというものではない。ついでに紹介すると、世論調査研究会は、世論調査には、(1)選挙予想調査、(2)時事問題調査、(3)社会や生活に対する基本的な意義を明らかにする調査、(4)行政施策調査、と四種類あるとしている。お馴染みの「政党支持率調査」や「内閣支持率調査」は(1)の選挙予想調査に含まれる。

この章で述べることは、政治のダイナミズムのなかで一定の力を持ち機能する「世論」と、それをとらえる「世論調査」との関係である。「世論調査」は「世論」をとらえる手段であるから、「世論」というものがあって、それを「世論調査」がとらえると思われるだろう。だが、考えてみると、「世論調査」という手法が使われる前には、「世論」というものは選挙を除けば数値というかたちでは存在しなかった。だからといって「世論」が存在しなかったわけではない。ブライスや高橋徹が指摘したようにさまざまな形の世論が存在した。そう考えると、世論調査でとらえる世論は「世論」そのものではなくて、「世論調査でとらえた世論」なのである。

内閣支持率という同じテーマを、質問紙面接法という同じ方法で調査しても、質問文や選択肢を変えると得られる数字は大きく変わる。どのような質問文や選択肢で調査をしたとしても、ともかく得られた結果の数字が「内閣支持率」となるのである（質問の仕方で結果が変ることは『世論調査で社会は読めるか』に詳しい）。

さまざまな世論観

「世論」をめぐっては諸学者の間で意見が対立している。**ミルズ**は、世論は個人の良心が判断のもととなっており、利害は本来的には平和な調和をもつことができ、合理的な討論が行なわれ決定されれば人々はそれに従うことを前提にしていると考えた。民主主義を理想的な制度と考えていると言ってよいであろう。**ブライス**は、人々の意見は本来混沌としていて、支離滅裂で、しかも無定形で毎日毎日変化する、しかし、そうした混沌のなかから市民の諸団体によって共通に支持され主張される数個の見解となって現われる、それが世論であるという。世論を美化してはいないが、それでもその存在は認めているといえよう。**リップマン**は、世論は人々の主体性によって生まれるものではなく、マスコミによってつくられるもので、事件の動きよりもいつも遅く現われる、と述べている。世論は人々の理性にもとづき自主的につくられるものなのか、人々に理性や自主性などはなく、マスコミによってつくられるものなのか、大いに議論のあるところであろう。世論を社会現象としてとらえ、その性質をよく見届けないと、人々に個別に意見を訊きそれを集めれば世論がとらえられる、といった形式論に陥ってしまうのではないか。

世論とはどういうものなのかを考える上で興味深い事例として、一九七五年のアメリカ世論調査協会での**ギャラップの提案**がある。「公衆反応調査《パブリック・レスポンス・リサーチ》」を「世論調査《オピニオン・ポール》」と区別しようというものである。**公衆反応調査**とは、ある特定の問題に対する解決策として提案されたアイディアないし代案に、公衆がどれだけの受容性を示すかを測定するものである。アイディアなり代案なりは人々にとっては新しいものであるから、どの手段を選ぶかを回答させるには世論調査とはやや異なった種類の心理的工夫が要求される、とギャラップは言う。

どういう工夫をすればどういう世論がとらえられるかは明確ではないが、人々の世論には変化しにくいものと変化しやすいものとがあることは、世論調査をしていると実感する。例えば、日本では戦後ほとんどが保守政権であったが、保守政党への支持の変化よりも内閣支持率の変化の方が激しい。ある意味では内閣を始終交代させることで不満を解消し、保守政治を維持してきたといえる。政党支持率と内閣支持率とは少し異なるといえる。これが個々の政策になると変化はずっと激しい。しかも、ささいなことが起きても人々の意見は大きく変わる。明らかに世論というよりも公衆の反応と見た方がよい。質問紙面接法でキチンとした意見を聞くのも世論調査であるし、電話調査でトピック的なことについて賛否を聞くのも世論調査である。だが、この二つの調査の結果を同じものとすることはできない、ということを理解してほしい。

ヤンケロヴィッチ・モニター

「世論」ということからははずれるが、かつて私が強烈な印象を受けた**「ヤンケロヴィッチ・モニター」**に触れたい。「身分」「階級」「階層」といったものが稀薄になり、一方では大多数の人たちが豊かな消費生活を送れるようになると、人々の新しい分け方として「ライフ・スタイル」という概念が登場してきた。ライフ・スタイルはデモグラフィックな要因に非デモグラフィックな要因も加えて調査をし、コンピュータで分析していくつかのグループに分けるというのが普通で、今日でも行なわれている。それとは方法は異なるが、「ヤンケロヴィッチ・モニター」は全米（あるいは日本全土）といった規模で、しかも時系列的に、ライフ・スタイルの変化をとらえるために、ヤンケロヴィッチによって開発された独特な調査である。報告書は高額な料金で会員に販売され、公表はされていない。調査方法も独特で詳細はわからない。モニターと呼ばれる対象者に熟練した調査員が長時間インタビュー（聴き取り）するというのが基本のようであるが、総合調査的色彩が濃いのではないかと思う。報告書は文章による膨大なもののようである。

ヤンケロヴィッチは一九七一年「マーケット・プランナーにニュー・ライフ・スタイルは何を語るか」を発表、日本ではその邦訳が『ブレーン』一九七二年一月号に掲載された。そこには三一の**ソーシャル・トレンド**（社会的傾向）なるものが紹介されていた。三一のソーシャル・トレンドは五つの大きなグループにまとめられている。第三のグループについては、「最も重要な傾向で、複雑な現代生活に対する反動を示す傾向である。現代の人間が押し合いへし合いしている状況、複雑化した商品、反応のにぶい制度、規制、情報の氾濫に反発して自分の生活慣習、ライフ・スタイルを変えている人が増えつつある」と説明、⒁生活簡素化の傾向、⒂「自然に帰れ」の傾向、⒃異国情緒の傾向、⒄地域活動参加傾向、⒅伝統より技術を信頼する傾向、⒆大きいことを評価しない傾向、が含まれる。「ヤンケロヴィッチ・モニター」はアメリカについてのレポートであるが、日本での重厚長大から軽薄短小への社会の変化をも見事に予見している。今では当たり前になっている「自然に帰れ」が実に新鮮に見えたし、日本のコマーシャルのコンセプトにもその後続々登場した。「ソーシャル・トレンド」は「世論」（リップマンのいう大文字のパブリック・オピニオン）ではない。だが人間には政治的意識だけがあるわけではないから、こうした動向も世論調査に関係する人は視野に入れるべきであろうと思う。

「世論」は本来、思想とかイデオロギーに近いもの、あるいはそこから発した意見である。だが思想やイデオロギーとは別に人間は「ヤンケロヴィッチ・モニター」で見たような態度や生活様式も持っている。一方で人間は感情の動物であり、「公衆反応調査」でとらえるような皮層的な反応もする。こうした複雑な関連のなかで「世論」は存在しているのである。

世論と世論調査の関係

「世論」というものが存在するかしないかといえば、存在する。またそれは政治のあり方に大きな影響力を持っている。だが、「世論」というものは、普段はなかなか姿を見せず、それが何らかの形をなしたときに世論と見なされる。世論調査で世論をとらえるといっても、世論調査でとらえられた姿が結果的に世論とされるのである。何をどのように調査するかで得られるものは異なるが、とにかく得られた結果が世論と見なされるのである。「世論調査」は「世論」をとらえる手段であるが、「世論調査」の結果はあくまで一つの「世論」なのである。

世論と世論調査の関係を述べたが、**社会と社会調査の関係**も同じである。社会は存在するが、なかなかその姿を見せない。社会調査は社会をとらえて見せる都合のよい方法なのだが、社会調査でとらえられたものは社会の一側面や一断面であって社会そのものではない。にもかかわらず「社会」であると見なされる。社会はあるがその全貌はけっして見えない。常に何かの結果として社会は見えるのである。見えない社会を見えるようにするのが社会調査だが、それは社会そのものでないにもかかわらず社会調査の結果が社会とみなされがちである。この関係をしっかりと頭に入れておいてほしい。

Ⅱ　統計調査の歴史

4章　統計調査のはじまり

Ⅱ部は統計調査の歴史である。なぜ歴史なのかは、「はじめに」でも述べたように、統計調査の実施が非常に困難になってきているので、ここで一度原点に返り、その困難をどう乗り切ればよいか考えてみるためである。調査が容易にできたことはこれまでもあまりない。どの時代のどの社会でも調査を行なうには困難な状況がともない、その困難のなかでいろいろ工夫をし、社会の実態に迫ってきているのである。

統計調査はⅠ部2章で見たように、数ある社会科学の研究方法の一つでしかなく、しかも、他の方法と比べれば小さい存在であろう。しかし、統計調査は社会科学のためだけでなく、さまざまなところでその役割を果たしている。**統計調査の歴史**は、一つの手法の生成の大きな流れとしてとらえられるべきであろう、と思う。統計調査の歴史ということになれば、①統計調査の社会的必要性、②調査の担い手（調査主体）の出現、③手法の開発・進歩、④統計調査をとりまく環境、⑤実施状況、⑥調査結果の社会への影響、などが記述されなければならない。このⅡ部でそれらを十分に述べることはできないが、そうした統計調査史を目指した第一歩にしたい。

さて、統計調査の始まりはいつか。かつて社会調査の入門書では、社会調査の始まりを古代国家の**人口調査**とするものが多かった。ＢＣ三〇五〇年頃のエジプト、ＢＣ二三〇〇年頃の中国などとするのである。その頃、エジプト王朝ではピラミッドの造成が、中国では治水のための大土木工事が行なわれている。そのような大土木工事を行なうためには、そのための労働力と資材を確保する必要があり、人口も把握されていたというのである。

文献に書き残された最も古い人口調査は『旧約聖書』に見られるもので、ＢＣ一二〇〇年のイスラエルで兵力となる二〇歳以上の人口を氏族ごとに調べた、とある。簡単な記述であるし、また『旧約聖書』が歴史資料としてどこまで認められるかという議論の余地もあるが、簡単な記述のなかに重要なことが二つ読み取れる。第一は「二〇歳以上の人口」ということである。調べる側の国家が必要とする対象だけを調べていることである。社会統計や統計調査は何かの利用目的のためだけのものか、特定の利用目的から独立した客観的で汎用的なものか、ということは重要なことである。社会統計にしても統計調査にしても客観的で汎用的なものが望ましいことは言うまでもあるまい。そして、そのような望ましい社会統計や統計調査は近代国家の出現によって実現するが、よく考えてみれば、今日においても調査する側が必要とする対象だけを調査するということが完全になくなっているわけではない。第二は「氏族ごと」に調べたとあることである。国家が行なう行政目的の社会統計や統計調査は、その作成や実施は行政組織を通して上から下へと順次命令が下り、作成された結果（数字）は下から上へと報告され、集められ、まとめられる。このシステムは古代国家で行なわれたというだけでなく、国家という大きな組織では常にとられる手法である。古代国家の人口把握に統計調査の始まりを見るわけにはいかないが、統計調査を誕生させる諸条件の萌芽を見ることはできる。その萌芽とは、統計調査の担い手（調査主体）の誕生であり、国家規模で行なう調査のシステムの誕生である。

　国家による人口調査はその後どう発展してきたか。ギリシャ時代のアテネやスパルタでは人口調査はあったが、今の人口調査という考えにもとづいていたとは言いがたい。ローマ時代は、ＢＣ四三五年にローマ皇帝セルヴィウス・ツリウスが憲法によって人口調査《センサス》を定め、調査は一〇年ないし一五年ごとに行なわれ、四七〇年間に六九回実施されたという。

　日本の古代国家の人口把握はどうであったのだろうか。『日本書紀』にはＢＣ八六年に崇神天皇が人民の男女数を調査したとある。紀元六一〇年には推古天皇が人口を調べさせている。その数字が現在まで伝わっている。男一九九万四〇一八人、女二九九万四八二四人、計四九八万八八四二人である。このような数字が今日まで伝わっていることは貴重で、国宝級のデータと言いたいところである。残念なのは、数字をよく見ると男女比のバランスが不自然である。なぜ男が極端に少なく女が多いのか、それがよくわからない。有力な解釈は、当時は女で届けた方が賦役の義務が少なくて有利だったからだ、というものである。この解釈は、国家だからといって人口の把握がたやすいものではない、ということを示唆しているのではないだろうか。

古代国家の人口資料について一言触れておきたい。大和朝廷では人口資料は国家の機密事項であって、三〇年間保存されたあと焼却された。九四七年の『延喜式』の法典では、天皇の許可なく写すことを禁止している。その国の人口が何人であるかという資料は国家機密だったのである。

話題を変える。産業革命によって開かれた新しい時代は、経済の成長と先進国の発展をもたらしたが、農村人口の都市への流入と都市の貧困地区の出現による社会問題を生んだ。資本主義の初期の社会問題は、国家とは異なる社会調査の担い手（調査主体）の出現をもたらし、調査の実施もその多くは国家機構と関係なく行なわれ、調査結果も社会の改良やそのための国家の政策を迫るというものであった。統計調査の源流とは言えないまでも、統計調査の社会的必要性、新しい担い手の出現、調査結果の社会への影響などを考えると、統計調査の前史としての意義は大きい。産業革命による新しい社会問題の発生は、先進諸国に共通していたが、その時期の調査の担い手はジャーナリスト、革命家、啓蒙思想家などさまざまである。どの国のどういう状況ではどのような人たちが調査主体となったか、精密な研究が待たれるが、この時期はジャーナリズムの果たした役割が大きいと言えよう。

調査から発表まで全く一人で行なったという点ではマスコミなどとの関係はないが、社会改良者としての姿勢など一般的にはその後のブースなどの調査につながると位置づけられている**ハワードの監獄調査**をまず取り上げたい。ハワードはイギリスのベッドフォード州のシェリフ（行政の長官）であった。当時の監獄は現在では考えられないほど不合理なものだった。例えば、たとえ無罪になったとしても一定の手数料を払わないと釈放されないというありさまであった。そのような状態を改善するように提案したが受け入れられなかったので、一七七三年からハワードは監獄の実態調査をはじめた。ただ一人馬で監獄を廻り、観察し、囚人に質問し、その調査結果をもとにして翌年国会で証言し、法律の制定に貢献した。その後イングランドとウェールズの監獄を廻り、さらにヨーロッパ大陸の監獄も調べて、一七七七年『イングランドおよびウェールズの監獄状態』を刊行した。ハワードはシェリフという立場にいたこと、親から譲り受けた裕福な資産があったことが、このような調査を可能にしたとされている。また彼にこうした行動をとらせたのは、当時のヨーロッパに生まれた啓蒙思想によるとされている。

ハワードのこの調査が高く評価されているのは、**「事実をもって語らしめ、社会を動かす」**という好例であったからである。調査項目をあらかじめ決めていたとか、囚人たちに直接面接したとかいうことから、現在の社会調査のはしりと見る人もいるが、統計調査の源流といえるような手法が使われたとは言いがたい。だが、ハワードにその先駆けをみる「事実をもって語らしめ、社会を動かす」は社会調査の神髄といってもよいのではないかと思う。

イギリスでジャーナリストとして社会の底辺を描いたのは**メイヒュー**である。後に『ロンドン路地裏の生活誌』としてまとめられたメイヒューの記事が最初に登場したのは一八四九年九月二十四日の『モーニング・クロニクル』紙の「バーモンジーの疫病地帯を行く」であった。それを皮切りに、「産業社会の貧民の倫理的・知的・生物的・肉体的な情況をあますところなく詳細」に報じていくことになる。『ロンドン路地裏の生活誌』の訳者・植松靖夫は訳者あとがきで「メイヒューの記事は、実は内容そのものは決して目新しいものではなかったのだが、読者はまるで初めて知ったかのような反応をした。メイヒューはロンドンの労働者の惨状を一般市民に注目させるのに、初めて成功したのである」と書いているが、私も事実を把握するというよりも事実に注目させた点の意義が大きいと考える。

日本の場合はどうであろうか。社会調査が誕生する前に、ジャーナリストによる**貧民窟探訪**がなされている。その代表的なものは、『明治東京下層生活誌』にまとめられている。ここではそのなかから『直言』に掲載された**斉藤兼次郎**の「下谷区万年町貧民窟の状態」を取り上げる。少し長いが冒頭部分を引用する。

> 下谷の貧民窟万年町と、ただ一ト口にいうても、その実幾町にもわたりてなかなか広い。浅草公園に散歩がてら、電車で万年町を通過しながら、表通りを一見して「ハハアこれが貧民町か」などと思うと大変な間違いで、こんなことでは貧民の実状が知れるものではない。彼らが実状を知ろうと思うなら、彼らが稼ぎに出る早朝か、労働を終え家に帰りて夕飯の支度をする暮れ方か、雨の日に稼ぎもならず四畳半か三畳の台所もなく雪隠もなき家に六、七人の家族がゴロゴロしている時がある、ことに三日四日と雨が続き、食うものもなくなる、衣《き》るものも典してしまう、いずれを見ても素裸同様で、空を仰いで天気模様を気支《きづこ》うて、互いに困窮を語り

合うている時などに行って見舞うがよい。ドンなに剛慾な、ドンなに残酷な者でも、この実状を親しく見て同情一滴の涙を持たぬものは、よもあるまい。

この書出しが、こうしたジャーナリストの気持を如実に表わしている。こうした探訪記が、社会調査の源流ではないにしても、源流につながるものだと認めたいのは、ハワードに始まる「事実をもって語らしめる」という意図があることに加え、自ら現地を踏み、見たり、聞いたりしていること、さらには分類と量的把握という統計調査の性格を指向していることである。「下谷区万年町貧民窟の状態」では衣類、食事、住居、収入と四項目について調べ、全体の姿をとらえようとしており、特定の個人をクローズアップしているのではない。斉藤は「世のノンキな事を言うて居る、学者や宗教家などには、少しくこの貧民社会を見せてやりたいものです」と結んでいる。この結びは社会調査というよりはルポルタージュの精神というべきかもしれないが、異質な社会を探訪し、そこにも独自の立派な文化と秩序がありました、ということで片づけてしまって人間としての大事な視点を欠いている調査も多いなかで、何のための調査かに熱い思いがそそがれている。こうした精神は引き継がれてよいのではないかと私は思う。

社会調査も統計調査も、こういうものだとして存在していたわけではない。社会があり、その社会の実状を知りたいという調査の担い手が出現し、実際に社会の実状を把握する行為のなかで、何らかの手法が編みだされてきた。古代国家の人口調査も初期資本主義社会の貧困地区探訪も社会調査といえるようなものではなかったが、調査主体の出現と調査の必要性の存在がある点では社会調査の源流といえよう。そうしたなかで何らかの数量的な把握が見られる場合は、統計調査の源流と言ってもよいのではないかと思う。

5章　近代センサスの誕生と進歩

国家が人口を把握するということは、国家の統率力と深い関係がある。中央集権的であった古代国家では人口の把握がなされたが、地域ごとの封建領主が割拠した中世では国家としての人口把握への志向は衰退した。近代に誕生した国民国家は、別名領土国家ともいわれるように、領土を持ち、領土内の国民に対する支配権を専有する国家であったから、当然のことながら領土内の人口の把握も行なうようになる。行政単位ごとに人口を数えるという古代と同様の方法もありうるが、近代では国家に登録させてその戸籍で人口を管理するという方法と、各戸ごとに調べる社会調査的な数え方と、人口把握の方法には二種類ある。後者を古代の人口調査と区別する意味でも、また戸籍による人口統計とも区別する意味でも、「近代センサス」と呼ぶ。日本で「国勢調査」と呼んでいる五年に一度行なわれる全国的な人口調査がこれである。

近代センサスの始まりは一七九〇年のアメリカとするのが普通である。以来アメリカでは一〇年ごとに定期的に調査が行なわれている。アメリカで近代センサスが始められたのには理由がある。

アメリカは州が集まった連邦国家である。州ごとに選ばれる下院議員の数と州に課す税金の額とを、州の人口によって決めることを憲法に定めたため、州ごとの公式の人口資料が必要になり、近代センサスが始まったのである。

そのような事情からアメリカで近代センサスは始まったが、アメリカ以外ではどうだったのであろうか。小杉肇『統計学史』によると、フランスの植民地カナダでは一六六五年に定期的人口調査が開始され、ケベックでは一七五四年まで続いたという。プロイセンでは一七四八年から毎年、人口調査が行なわれたし、スウェーデンでは一七四八年に法律を公布、教区毎に毎年出生表・死亡表・総人口表を作成して内務省で集計、一七七五年以降は五年毎に行なわれたという。これらは一七九〇年のアメリカの人口調査よりも早い。世界で最も早く産業革命を起こしたイギリスでは、一七五三年に下院において「毎年人民の状態および結婚・出生・死亡ならびに貧民救助を受ける者の調査」が可決されたが、上院で否決されたため、日の目を見なかった。工業化が国の経済発展をもたらすと同時に、初期資本主義の抱える問題も生じたイギリスは、アメリカとは異なった理由から調査の必要性が考えられていたようである。結果的にイギリスは、フランス、デンマーク、ポルトガルと同じ一八〇一年に調査を行なった。イギリスはアメリカに四〇年近く発想で先んじながら、一〇年遅れで実施したということになる。

こうなると、近代センサスの始まりは一七九〇年のアメリカとする考え方に疑問が生じてくる。発想では先んじながら実行にはいたらなかったイギリスはともかく、カナダやプロイセン、スウェーデンはアメリカに先んじている。それでもアメリカを初めとするにはそれなりの理由がある。その一つは今日までの継続性である。調査方法も理由として考えられる。それに私はもう一つ付け加えたい。それは、国家運営の客観的な資料として、国家と国民が共有するという性格が明確に打ちだされていることである。

国家というレベルでは古代と近代で人口は把握され、中世は人口を把握していない。中世においては、国家の下にあった封建領主、実質的な支配者は、民の状態について当然のことながら把握していた。しかし、古代も中世も支配する者が支配するための資料として人口調査を行なったに過ぎない。近代センサスはそれとは全く性質の異なるものであることを強調する意味で、アメリカの人口調査を初めとするのはよいことではないか。

近代センサスが一七九〇年にアメリカで始まったというと、現在のような国勢調査が始まったように思うかもしれないが、様子は全く違ったようだ。調査の結果アメリカの人口は三九二万九〇〇〇人であった。その調査には一七人の執行官と六五〇人の補助官が当たり、調査実施から一八ヵ月かかって五六ページの報告書にまとめられた。調査の内容は、家長名とその家の自由人、奴隷の人数だけである。各個人の年齢、性別、人種、職業などが調査されるようになったのは、一八三〇年の第五回調査からである。第一回調査ではわずか五六ページの報告書で、しかも調査から一八ヶ月後の集計完了である。それが、一八七〇年では三四七三ページの報告書が一五ヵ月後に、一九五〇年では六万一三九四ページの報告書がわずか一ヵ月後に完成している。著しい進歩がうかがえる。

統計調査の歴史をみると、近代センサスの与えた影響の大きさがわかる。その第一は、全地域をくまなく調べるということを基本としていることである。地域ごとに把握するという古代の人口調査以来のごく当たり前の基本的な考え方は、近代センサスでも同様であり、それは統計調査を生みだす母のような役割を果たしたと思う。第二は、家族についての情報をもたらしたということである。静的であっても大量の（すべての）データがあれば、そこから動的なものを知りうる。家族に関する研究のスタートを近代センサスのデータ分析に見ることができる。**家族**というものは人間社会の集団のなかでも最も特異な、特別な存在である。人間や社会についての調査は、家族についての知識、家族の状態についての知識なしにはできない。その意味でも、近代センサス（国家が行なう人口調査）は統計調査の生みの母であると思う。

近代センサスが統計調査の歴史に与えた影響の第三は、**調査スタッフ**を育成したことである。全人口を把握するという場合には基本的なことを避けては通れない。そのことが調査スタッフを育てるということにつながる。この点は国ごとに様相が異なるであろう。近代センサス以外のもっと素朴な調査から始まり、そこから調査スタッフが育ったという国はいくらもある。ただ特定のテーマを追う調査では調査手法は都合のよいものを選べばよいということが多い。

アメリカの人口調査が統計調査に特別の貢献をしたのは、統計調査の有力な武器となった機械を生みだし、それを使うことに先鞭をつけたことである。一八九〇年の調査では、スタッフの一人であったホレリスの発明した**パンチカード機**が導入された。今ではすっかり見ることもなくなったが、初期のコンピュータでは入力に使っていたカードである。このホレリスはＩＢＭの創立者の一人なのである。アメリカの人口調査の膨大なデータ処理の必要からコンピュータの会社は誕生したわけである。現在の日本の国勢調査はマークシート方式になり、調査票からそのままコンピュータにデータが読み込めるようになっている。調査票らしきものも用いられていなかった初期のアメリカの調査と比べると、調査の技術の進歩には隔世の感がある。

その国の人口調査の歴史を振り返ることは、その国の歴史を振り返ることに通じる。日本の国勢調査の開始は一九二〇（大正九）年、先進国としてはかなり遅い方である。だが、人口把握が遅れていたわけではない。一八六八年の明治維新以後、一八七一年には**戸籍法**を定め、一八七二年から施行している。その年には人口の把握もされている。一〇〇日かけて全国一斉に各戸主から戸籍を届けさせたのだ。杉享二は一八六九年「駿河国沼津政表」「駿河国原政表」を作成、新政府に建白書を提出して受け入れられ、一八七一年太政官正院の政表課の大主記（主任者）に任ぜられている。一八七九年には「甲斐国現在人別調」を行なったが、調査票を使った近代的な統計調査であった。この杉の下で勉強した呉文聡は一九〇〇年のアメリカのセンサスを視察、国勢調査の必要を議会に建議している。そうした動きを受けて一九〇五年に日本でも国勢調査が実施されるはずであったが、日露戦争の影響で一九二〇年になってしまった。一九二二年の法改正で、一〇年毎の国勢調査の中間年に簡易な国勢調査が行なわれることになった。一九四五年は終戦直後なので中止されたが、一九四七年に臨時国勢調査を行ない、補った。この時以外はきちんと五年毎に調査が実施されている。

実施は遅かったが、日本の国勢調査は国際的にみて精度が高いと評価できよう。

日本よりも近代的国民国家になるのが遅れた中国では、国勢調査の実施も遅れている。一九二八年に国民党の下で試みられたがなかなか終了せず、一九三一年にやっと四億七四八〇万人という推定人口が発表された。

近代センサスの人口調査は現在でも国情により千差万別である。近代センサスを最も早く始めたということになっているアメリカでは、主に郵送法で行なわれていて、そう質の高いものではない。また、不法に入国した人たちが、(実際にはそうではないのだが)国外退去させられるのではと恐れて非協力であるという。一〇〇万人規模の誤差があるともいわれている。

プライバシーを侵害するという理由での反対運動によって調査ができなくなっている国もある。日本でも、国勢調査への非難の高い時期があった。非難の内容は、①項目が多く不適当なものが多い、②調査票がむきだし、③顔見知りの調査員はいや、というものである。③の解決はむつかしいが、袋に入れて回収するなどでいくらかは解決に向かってきていた。ところが、最近また個人情報保護法などの影響もあり、調査に非協力的な風潮が強くなってきている。

国土にどれだけの人口が住んでいるのか、またその人口の性別・年齢といった最低限の情報は国家が必要としているということ、すべての調査を超越して国勢調査は特別な調査であり、その国土にいる人間は協力すべきであること、一定の時という条件の下で、土地・家屋・世帯というものを手がかりとして行なわれる調査であること、この重要性をわれわれはもっと理解すべきであろう。

6章　家計調査の誕生と成長

国家がその治める人口の把握に努めたことは4章、5章で述べた。国民国家が形成されると、人口のみならず領土の明確な把握を行なうのに加え、国の状態がどうであるかにも関心が向けられるようになった。その一つが経済の状態である。さらに人々の状況にも関心が払われるようになる。貧困地区探訪は社会から外れた人たち、通常の社会からみれば異質の人たちの様子を天下に明らかにするということが目的であったが、社会を構成する通常の人たちの状態を知ろうという動きも当然起きてくる。そうした動きのなかから、社会調査の一分野である「家計調査」は誕生してきた。

チェイピンは**家計調査の歴史**を、①推算の時代、②典型調査の時代、③統計調査の時代、と分けている。「推算の時代」の代表者はペッティである。**ペッティ**は国民のなかの中位の人々の消費内容を検討し、その金額に人口を掛けて「国富」を算出した。生産から算出するか、所得から算出するかはともかく、国富をとらえるということが社会統計の中心的な課題であることは今も変わりはない。国家機構が整備確立されると、経済統計も出荷量、売上高という形で正確に把握されるようになるが、すべての資料を正確に得ることはいつの時代でも困難である。統計というものは推算であることも多い。そして社会調査が推算のもととなるデータを提供する場合も多い。

「典型調査の時代」の代表者は**ル・プレー**である。家計調査の先駆的業績として知られるル・プレーの『ヨーロッパの労働者』（一八五五年）が**「典型調査」**の代表というのはどういうことかをまず述べたい。フランスの鉱山技師であったル・プレーは、仕事のかたわら一八三〇年から四八年にかけて労働者の家庭生活を調査し、『ヨーロッパの労働者』を公けにした。その本に収められたのは、フランス一一、ロシア五、イギリス四などヨーロッパの三六家族でしかない。立派な社会調査の報告書ではあるが、現在の目でみると分析対象があまりにも少ないのである。しかし、ル・プレーはその三六家族を最も調査に適した条件をそなえた家族として選んでいる。そこで、典型的な対象を選んで調査しているということから、チェイピンは「典型調査」と呼ぶのである。

ル・プレーの調査の考えを追ってみる。ル・プレーの考えの第一は、**家族**を社会の重要な単位としたことである。人口調査が最終的な目標である個人を把握する過程で地域とともに家族に着目したのと違い、家計調査の単位は家族なのである。家族を社会の状態をとらえる場合の重要な単位とした。第二は、ル・プレーは社会全体を見るのに、社会全体ではなく社会の主要をなしている層に注目したことである。ル・プレーは、生産・消費で主要な層として労働者を選んでいる。これには、彼の思想や社会観が反映してもいるが、家計調査の場合は技術的にも層を限定するということが避けられない。それは現在もそうである。第三は、労働者家族の状態は家計の収入・支出として表われる、ということである。家族が社会の重要な構成要素であると同時に、その状態を総合的に見る一つの方法として生計を調べるという考えである。こう見てくると、たかが三六家族ではあるが、その向こうに社会全体を見ているし、社会全体をとらえる方法を模索してもいるのである。また、ル・プレーは、最終分析に用いたのが三六家族であって、そこに至るまでに数千の家族の家計を調査していることを付記しておく（『家計調査の手法』）。調査したものをすべて最後まで使わなければならないということではない。ついでル・プレー以外の家計調査も簡単に眺めてみたい。

一八五一年に第一回の万国博覧会がロンドンで開かれた。鉄とガラスで出来た水晶宮が呼び物であった。この華やかな万国博覧会の裏で、家計調査にとって重要なことが行なわれていた。ロンドンにいろいろな人が集まったが、そうしたなかで各国の統計家たちが**国際統計家会議**をつくろうということになり、第一回会議をベルギー中央統計委員会が開催することになったのである。そして一八五三年にベルギーで開催された第一回万国統計会議において労働者の家計を国際的に収集する提案が会議にはかられ採択された。このとき、家計の収入と支出の分類、階層分類の仕方も提案され、承認された。また、この結果ベルギーでは約一〇〇〇の家計が収集され分析された。

この作業で中心的な役割を果たした**デュプティオー**は一九九家族の家計を分析し、論文「ベルギー労働者の家計」（一八五五年）を発表した。デュプティオーはその作業のなかから**「生活最小限」**という数字を算出した。**「最低生活費」**である。一九九家族のうち一五八家族、七九パーセントが生活最小限に達していないことも明らかにした。デュプティオーの算出した生活最小限の数値はそう妥当なものではなかったようだが、最低生活費という考え方は現在も脈々として生きている。家計調査で重要なことは、収入・支出の費目の統一である。過去と比較する上で、社会調査では常に調査の仕方の統一が必要であるが、国際比較する調査では国を越えて基準の統一が必要である。ル・プレーの『ヨーロッパの労働者』では既に今日の家計調査の分類と基本的には変わらない分類がなされていて評価されているが、ロンドンにおける話合いに端を発し、家計調査の分類基準の統一が早々と国際会議の議題になったことは、統計調査の歴史で特筆すべきことである。

さて、家計調査で最も著名な業績を残した人といえば**エンゲル**になるであろう。エンゲルはドイツのザクセン統計局長であった。直接調査をすることはなかったが、その立場を利用し、一八四八年のザクセンの職業統計とル・プレーやデュプティオーの家計統計の統合を試み、一八五七年に論文「ザクセン王国の生産ならびに消費状態」を発表した。また、死の直前に「ベルギー労働者の生活費」を発表した。

エンゲルの名を不朽にしたのは**「エンゲル係数」**である。エンゲルは家計の状態を見るだけでなく、そのなかに法則を見いだそうとした。そして、その一つとして、「世帯が貧乏であればあるほど、総支出のより多くの割合が食物の調達のために費やされなければならない」、そして「栄養のために支出される割合は、そのほかの状況に違いがなければ、一般に人々の物的状態を正しくあらわす尺度になる」(『家計調査の方法』)ということを発見した。これが後に、消費支出に占める食費の割合をエンゲル係数と呼び、エンゲル係数が低いほど生活水準は高いとされた。現在の日本では生活構造そのものが変わり、また生活水準も大変高くなったため、エンゲル係数は意味をなさなくなったが、世界的視野でみれば、今なおエンゲル係数が重要な意味を持つ人々が膨大に存在することを忘れてはなるまい。

エンゲルの研究のもう一つの成果は、**「消費単位」**という概念である。ル・プレーは「典型家族」を慎重に選ぶことによって、デュプティオーは夫婦を核とする六人の家族（そのうち四人が働いている）を前提に生活最小限を算出した。エンゲルは家族構成がどうであれ、比較できるようにすることを考えた。そこで性と年齢によって**消費単位**を決め、家族の消費をその合計とする方法を考えた。その単位を恩師の名にちなんで**「ケト」**とした。エンゲルの「ケト」は年齢で加算していく実証性のないものであった。現在では世帯のなかの成人男子（世帯主）の消費を1とし、世帯を構成する他のメンバーを性と年齢で定めていくという決め方になっており、その値は家計調査を分析して決められている。数値も最小を1としたエンゲルに対し、最大を1とするように変わっている。このことはエンゲルの方式をそのままは受け継いでいないことを意味する。だが、消費単位という概念を発案したということはエンゲルの功績として評価されてよい。統計調査がエンゲルから学ぶべきことは、自分で調査しなくとも立派な成果を挙げうること、むしろ調査データを統合して分析することの方がより立派な成果を挙げうる、ということではないか。

家計調査の歴史から統計調査が学ぶべきことを述べておきたい。ル・プレーが社会全体を考えながら主要な階層に対象を絞り、その主要な階層のなかから典型家族を選んで調査したということは、母集団をそのまま再現するような姿で標本を選ぶべきであるという統計調査の一般的なあり方には反するが、テーマによってはそれがよいということがあることを教えている。家計調査では現在でもそうであるが、統計調査一般でもそのようなケースがあることに注意を喚起しておきたい。社会全体を見ることが目的であればあるだけ、どのように社会全体を見るべきかを深く考えるべきである。ランダム・サンプリングの理論をふりかざして、標本に代表性があるといったことだけを重視する態度はつつしむべきである、ということが家計調査の歴史からまず第一に学べるのではないか。

家計調査の歴史で次に注目したいのは、国際会議による基準の統一である。統計調査のいくつかの分野ではこうした国際基準が重要になってくる。そのさきがけが家計調査に見られた。

第三の注目点は、統計調査はときには法則、理論を生みだすということである。しかも、そうした法則、理論は多くの調査の積み重ねの結果として生まれるのである。

7章　ブースの貧困調査とその後

社会調査の歴史を振り返って、最も優れた調査を一つあげるということはむつかしい。なぜなら、社会調査にはさまざまな種類があって、簡単には優劣が比べられないからである。だが、優れた調査を五つとか一〇あげるとすれば、**C・ブースの『ロンドン民衆の生活と労働』**（全一七巻、一八八九〜一九〇三年）はそのなかに必ず加えられるであろう。そして、その五つとか一〇に必ず入るだろうと断言できる調査は、このブースの調査だけではないかとも思う。それほど高い評価のできる調査だと私は思っている。

ブースの『ロンドン民衆の生活と労働』が高く評価される理由は、第一に事実を重視するというブースの調査に対する姿勢であり、第二に調査の規模内容が大きく総合的であり、第三にそれまでの調査の成果を活かしており、第四に多くの人の協力を得て組織的な活動を行ない、第五に優れた調査結果を出し、第六に社会に実際に活かし、第七にその後の調査に大きな影響を与えた、ということにあろう。膨大な経費を私財でまかなったということも付記しておく必要があろう。

事実を重視するという第一の要件や社会に実際に活かす第六の要件はハワードにみられるし、第五の優れた調査結果はル・プレーの家計調査に、またエンゲルの分析にもみられる。だが、この七項目ないし八項目すべてを掲げられる調査はブースの前にはなかった。

ブースは一八四〇年イギリスのリヴァプールに生まれた。恵まれた家庭環境にあった。実業家であった父の希望によって実業家への道を進んだブースは、一八六六年に「ブース汽船会社」を創立し、成功を収める。一八八〇年には兄から事業の経営権を委譲され大実業家となる。その財力を投入してブースの調査は行なわれた。ブースは実業家として大成功を収める一方、アカデミックな世界でも活動した。過去のセンサスを資料として分析し、論文「イギリス民衆の職業一八〇一～八一」を一八八六年に王立統計協会から発表している。また、社会の状況に関心を持ち、政治的な議論にも目を向けている。いわば、そうしたブースの多面的な活動が『ロンドン民衆の生活と労働』を生みだしたのである。

彼が調査を始めたキッカケは、一八八五年に「社会民主連盟」が「労働者階級の四分の一以上が人間として健康を維持するのに不適切な生活を送っている」という調査結果を発表したからだと言われている。ブースは産業革命をすすめているイギリスの社会について、資本主義的産業制度は民衆の生活水準の向上にも役立つはずなので、労働者がそれほど貧困だとは考えていなかった。事実をもって社会民主連盟の調査結果を否定しようと、調査は始められたのである。

ブースの貧困との出合いは、一八六五年の総選挙で自由主義者の勝利のためのキャンペーンに参加し、学友とアイルランド系移民のスラム街を戸別訪問したときである。大きなショックを受けた。こうした体験とセンサスのデータを分析して論文にまとめるという作業とが、ブースの調査を厚みのあるものにしたのではないだろうか。『ロンドン民衆の生活と労働』は当時のロンドン四〇〇万人（一〇〇万世帯）を対象とした、貧困調査、産業調査、宗教的影響力調査という三つの調査である。ここではそのなかの**貧困調査**の概要だけをみることにする。

「貧困調査」は東ロンドンから始められ、順次中央部、北ロンドン、西ロンドン、南ロンドンが対象となり、最終的にロンドン全体の調査が行なわれた。一八八六年に始まり、一八九一年に『民衆の生活と労働　第二巻』として出版された。調査には五年間を要している。ブースは調査に先立って、センサスのデータでロンドンについてはある程度知っていた。調査に当たっては二〇名ほどのスタッフの協力が得られた。十分な予備知識と強力なスタッフ構成で調査が行なわれたということも強調しておきたい。それを可能にしたのは、アカデミックな世界でのブースの地位と大きな財力であった。ブースの調査は、学齢児童のいる家庭を掌握するために設置されていた「学校委員会の家庭訪問員」の協力を得て行なわれた。ブースはその方法を、「私が仕事を始めたときの最初のアイディアは、私の必要としている事実がすべて他の誰かに知られていること、したがって情報を集め、統合するだけでよいこと、にあった」と述べたとウェッブは伝えている（『社会調査の方法』）。興味深いのは、東ロンドンから他地域に調査地域を拡大したとき、観察の対象を家族から街区に変更したことである。そして街区の生活の状態を色で表示し、一目でわかるように表現した。

ロンドンの貧困調査の結果は、三〇・七パーセントが貧困である、となった。民主政治連盟の調査結果よりも貧困は多い。少ないと思って始めた調査であるが、調査を客観的に行ない、その結果を厳粛に受け止めるブースの調査に対する態度は、今でも高く評価されている。ブースの貧困調査はもう一つの面も高く評価されている。それは、貧困の原因を個人の責任に求める者と社会の責任に求める者との対立があった当時の時代背景のなかで、ブースは調査という手法によって、貧困の大きな原因は雇用の問題が大きく、個人の責任である飲酒などは少ない、という結果を明確に出したことである。ブースは単に調査を行なっただけでなく、貧困をなくすためにはどのような政策が必要かについても積極的な提言をしている。一八九九年の『老齢年金と老齢貧民――一つの提言』はその一例である。

ブースの調査は**ロウントリー**に引き継がれた。ヨーク市の事業家であったロウントリーはブースの影響を受けて、では自分のいるヨーク市はどうかを知るために一八九九年に調査を行なった。当時のヨーク市は一万一五六〇世帯（四万六七五四人）とロンドンと比べれば非常に小さかったため、ブースのように街区単位とする必要もなく、七ヵ月で全世帯を調査することができた。センサスの資料を参考にするなどはブースと同じであるが、地区別に調査担当員を派遣して面接聴取調査をしたり、調査票を留め置いて記入してもらう家計調査などを行なっている。その結果、総収入が肉体的能率を維持するにも足りない第一次貧困が九・九パーセント、総収入が単なる肉体的能率を維持するに過ぎない第二次貧困が一七・九パーセント、それらを合わせた貧困が二七・八パーセントと、ブースのロンドン調査とほぼ同様の結果を得た。

ロウントリーの功績は、世帯を単位とした調査を大量に行なったことである。その結果、父親が熟練労働者でなければ労働者の家族は困窮と余裕を繰り返すという傾向を発見した。**「貧乏曲線」**と呼ばれ、その考えは今日でも有効である。親子で働く期間は余裕があるが、子供の養育期間は困窮しているというものである。

こうした貧困調査は、さらに**ボウリー**に引き継がれた。ボウリーは一九一二年にレディング、一九一三年にノーザンプトン、ウォリントン、スタンレーなどで調査を行ない、調査結果を一九一五年に『暮らし向きと貧困』として公表した。ボウリーは、「一八九九年にヨーク市の生活状況について行なわれたロウントリー氏の調査結果を入手しており、われわれの調査結果と彼のデータは比較可能である」と述べている。対象地域が増え、調査内容もより詳細・厳密になったが、ボウリーの調査で特筆されるべきは、**ランダム・サンプリング（無作為抽出）**という考えを調査に導入したことである。レディングでは住民票から、ボルトン、ノーザンプトン、ウォリントンでは選挙人名簿を使用して、サンプルの抽出比率はノーザンプトンが一七分の一で一七番目ごと、ウォリントンは同様に一三番目ごと、レディングは一八番目ごと、ボルトンは三八番目ごと、スタンレーは八番目ごとの抽出をしている。そして、ランダム・サンプリングについて説明し、サンプリング誤差の計算までしている。日本では後に述べるように、一九四八年のアメリカの大統領選挙の予想調査の失敗からランダム・サンプリングの必要が認識されたようになったと書いてある入門書が多いが、一九一二年にボウリーが行なった調査の方がずっと早いことを指摘しておきたい（ボウリー『計量社会学の誕生』）。

統計調査の技術という面からいうと、ブースの調査はまだ前段階であって、家族を調査単位としたロウントリーや、ランダム・サンプリングを行なったボウリーの方がずっと進んでいる。それでもブースの調査の方が重みがあるのは、この章のはじめに述べた要件によってである。貧困調査をブースからボウリーまで眺めてみると、貧困というものをどうとらえるかという調査手法の考察が、必ず調査の過程の入口で必要であったことがわかる。それもブースからロウントリー、ボウリーと進歩していっているが、その苦労は先人ほど大きかったのではないかと私は思っている。そしてその苦労のなかにこそ、調査の神髄がある。街区でとらえたブースの手法は、統計調査の視点でみればまだ未発達なようにみえるが、必ずしもそうではない。地域に着目したブースの調査は、都市の生態研究に道を拓き、やがてアメリカの**シカゴ学派**に引き継がれて**都市社会学**を誕生させることになる。そのことも付け加えておきたい。

社会調査の神髄とは何か。なかなか明確に述べることはできないのだが、ブースおよびその後の貧困調査を見ると、「社会調査とは試行錯誤の連続である」と言いたい気がする。

8章　アメリカの選挙予想調査

選挙予想の調査では、予想した結果がどの程度正しかったかが選挙の結果との比較で明らかになるために、調査の精度が試される。**選挙予想調査**は、そうした特殊な分野である。一方、「選挙」というものがなければ成り立たないから、その誕生と発展は選挙制度に左右される。選挙制度の成立はアメリカが比較的早かったこと、また選挙予想をするマスコミの発達が早かったということもあって、選挙予想調査の歴史はアメリカが中心になるのが普通である。だが、理由はそれだけではない。アメリカの選挙予想で著名な**ギャラップ**が書いた『ギャラップの世論調査入門』が、貴重な、かつ主要な資料になっているのである。

世論調査のはじまりは、一八二四年アメリカのデラウェア州ウィルミントンで『ハリスバーグ・ペンシルヴェイニアン』紙が行なった大統領選挙を予想するための模擬投票である。新聞紙上に投票用紙を印刷し、読者にそこを切り取って記入して送ってもらう。調査というよりも投票である。本物ではないから模擬投票（アメリカではストロウ・ボウト）と呼ばれた。結果はジャクソンの圧倒的勝利という予想になった。この年、『ザ・ローリー・スター』紙もノース・キャロライナ州のいくつかの政治集会で調査し、ジャクソンが優勢という結果を出している。

ギャラップによると、一八二四年にはじまった選挙予想調査は、一八八三年には『ザ・ボストン・グローブ』紙が選挙区に報道記者を派遣し、選挙当日の夜のうちに最終開票結果を予想する方法を開発したという。一九〇四年には『ザ・ニューヨーク・ヘラルド・トリビューン』紙がニューヨーク市の三万人の登録選挙民を対象に世論調査を行なっている。一九〇八年には『ザ・ニューヨーク・ヘラルド』紙などが街頭世論調査で選挙を予想、一九一二年には『ザ・ニューヨーク・ヘラルド』など何社かで提携し、三七州において戸別訪問で調査を行なっている。選挙予想のために思いつく調査手法がさまざまに行なわれていることがわかる。

一つの調査方法の数字をそのまま選挙予想とすることを形として明確にしたのは、**『ザ・リテラリー・ダイジェスト』誌**（以下『リテラリー・ダイジェスト』）のハガキによる選挙予想調査である。一九一六年にアメリカの五つの州で大統領選挙の予想を行なった。『リテラリー・ダイジェスト』は、以来大統領選挙のたびに調査対象を拡大し、その方法を確立していった。同誌の調査は、模擬投票用のハガキをなるべく大量に配布し、できるだけ多くのハガキを回収するというものであった。ハガキを配布する先は同誌の読者に加え、電話加入者、自動車登録者などが主となった。一九二四年の大統領選挙では全米の一六五〇万人にハガキを配布した。こうした調査の予想結果がそれほど正確だったわけではない。一九二四年の調査では誤差は五・一ポイントあった。それが一九三二年の大統領選挙では二〇〇〇万枚のハガキを配布、三〇〇万枚を回収し、誤差はわずか〇・九ポイントであった。「魔術と言えるほどの正確さ」と言われた。

この成功で有頂天になっていた『リテラリー・ダイジェスト』に対して、新しく設立されたアメリカ世論調査所のギャラップは、一九三六年の大統領選挙の予想で対決を申し込んだ。『リテラリー・ダイジェスト』はそれまでと同じ方法で一〇〇〇万人にハガキを送った。回収された結果については「加重値を加えておらず、操作もされておらず、解釈も加えられていない」と誇らしげであった。これに対するギャラップの調査は、わずか三〇〇〇人を調べるだけのものであった。しかし、新しいタイプの調査方法であった。それは、調査する対象者を選ぶとき、アメリカの選挙民と構成が同じになるように考慮して選ぶというものであった。**「割当法」（クォーター・サンプリング）**という方法である。一九三六年の大統領選挙では何人かの候補が立候補したが、事実上共和党のランドンと民主党のルーズヴェルトの一騎打ちであった。『リテラリー・ダイジェスト』誌はランドン支持五七・〇パーセントでランドンの勝ちを予想、ギャラップはルーズヴェルト支持五四・〇パーセントでルーズヴェルトの勝利を予想した。選挙の結果は、ルーズヴェルトの得票率が六〇・二パーセントで圧勝であった。この結果、ギャラップは一躍有名になり、この出来事は**「ギャラップの勝利」**と言われることになった。

このギャラップの勝利についていくつかの点を述べておきたい。まず注目されるのは、二〇〇万枚ものハガキを回収した『リテラリー・ダイジェスト』に対し、わずか三〇〇〇人を調査したギャラップがなぜ勝ったかということである。『リテラリー・ダイジェスト』が送った一〇〇〇万枚のハガキの送付先は、同誌の読者、電話加入者、自動車登録者の名簿を主として使ったため、社会の上層に偏っていた。それに対し、割当法で対象を選んだギャラップの調査は選挙民の構成に近かった。上層に偏った『リテラリー・ダイジェスト』は共和党を過大評価することになったのである。この出来事の結果、ギャラップをはじめアメリカの調査会社の**「標本調査」**が市民権を得、模擬投票は姿を消した。まさに大きな変換点であった。この一般的な理解に加え、盛山和夫『社会調査法入門』では杉野勇の協力を得て、もう一つの点を指摘している。それは、共和党に危機感を持っていた共和党支持者が意図的に熱心にハガキを送り返したため、『リテラリー・ダイジェスト』では共和党支持の数字が高くなったというのである。回答者の意図的な回答が世論調査の結果に目に見えるような影響を与えるかどうかは議論のあるところであるが、回収率の低い調査方法では回収される人たち（あるいは応募した人たち）がある方向に偏っているということは十分ありうる。『リテラリー・ダイジェスト』の調査ではハガキの配布先にまず偏りがあり、応じてハガキを送ってくれた人たちにも偏りがあって大きな誤差を生じたといえる。

一方のギャラップであるが、ルーズヴェルトの得票率の予測の誤差は六・二ポイントである。一九二四年の『リテラリー・ダイジェスト』の予想の誤差五・一ポイントより大きいのである。『リテラリー・ダイジェスト』に勝ったとか、ルーズヴェルトの当選を言い当てたということにかき消されてしまっているが、ギャラップの調査が「魔術と言えるほどの正確さ」からは程遠かったことを忘れてはならない。

一九四八年のアメリカ大統領選挙では、選挙予想調査のあり方に影響を与えた大事件が起きた。ギャラップをはじめ、アメリカの主要な世論調査会社の調査がこぞって予想をはずしたのである（図表8-1）。このときの大統領選挙では他にも候補者はいたが、事実上は共和党のデューイと民主党のトルーマンの対決であった。そして、世論調査の結果も政治評論家もデューイの勝利を予想していた。ところが、選挙の結果はトルーマンが勝利した。予想をはずしたのはギャラップだけではないのだが、「ギャラップの勝利」になぞらえて**「ギャラップの敗北」**と呼ばれた。

なぜ予想をはずしたかということが究明された。原因が完全に解明されたというわけではないが、少なくとも二つのことが明らかになった。一つは、割当法で調査対象者を選んだ場合、コントロールした項目では有権者の構成と対象者の構成が同じであっても、他の項目では同じである保証がないということである。ギャラップの調査では、例えば教育程度は非常に高いということがわかった。その結果、割当法は望ましくなく、くじ引きのように無作為に選ぶ**ランダム・サンプリング（無作為抽出）**のほうが望ましいと結論づけられた。もう一つは、トルーマンの支持率は刻々上昇していた。予想のための調査は当然のことながら選挙当日ではなく何日か前なので、その差が出たというのである。この点に関しては、少々の改善の余地はあったとしても完全に克服することは困難である。

冷静になってみると、トルーマンの得票率は四九・五パーセント、ギャラップの予想は四四・五

図表8-1　ギャラップの勝利と敗北

1936年のアメリカ大統領選挙で、ギャラップはルーズヴェルトの当選を予測してランドンを予測した『ザ・リテラリー・ダイジェスト』誌に勝利したが、48年の大統領選挙では他の世論調査と同様にトルーマンではなくデューイを予想し、外れた。こちらは「ギャラップの敗北」と言われている。

1936年の大統領選挙予想得票率

	ルーズヴェルト	ランドン
実際の得票率	60.2%	39.8%
リテラリー・ダイジェスト	43.0%	57.0%
ギャラップ	54.0%	46.0%

1948年の大統領選挙予想得票率

	デューイ	トルーマン	サーモンド	ウォーレス
実際の得票率	45.1%	49.5%	2.4%	2.4%
ギャラップ	49.5%	44.5%	2.0%	4.0%
クロスレー	49.9%	44.8%	1.6%	3.3%
ローパー	52.2%	37.1%	5.2%	4.3%

ギャラップはこの4人の代表的な候補者についての得票率を出した。
(吉田洋一・西平重喜『世論調査』岩波新書、1956年より)

パーセントであるから、誤差は五・〇ポイントである。誤差ということでみれば「ギャラップの敗北」の調査は「ギャラップの勝利」の調査よりもわずかだが小さい。予想を違えたということでは大きな問題であるが、調査の精度をどこまで求めるかという冷静な議論も必要であろう。

さて日本では、一般的には、この「ギャラップの敗北」が契機になって調査対象の選び方がランダム・サンプリングになったとしている本が多いが、正確ではない。7章の貧困調査のところで紹介したように、一九一二年にボウリーが既にランダム・サンプリングを採用している。また日本では、後に紹介するように一九四七年の東京都知事選の予想の調査でランダム・サンプリングを採用、しかもかなり正確な調査結果を出している。当時は国際間の知的情報の流通が今ほど活発ではなかったこと、また調査は分野別にそれぞれの世界をつくっていることから、こうした前後の違いが生じることはやむをえない。

選挙予想調査で重要なことは、選挙結果をいかに正確に予想するかである。さまざまな条件の下で工夫しつづけられているというのが、選挙予想調査である。アメリカの初期の選挙予想をみると、それこそありとあらゆる方法が試みられている。より正確な方法を開発していくことは大切なことであるが、一つの方法に収斂させることは好ましいことではない。一つの方法は一面を見ることでしかないから、手法は複数あった方がよいのである。

選挙予想調査というものは、マスコミが選挙結果を予想するために行なうものであるが、そうした手法は、当然のことながら当の政治家たちにも利用されるようになってくる。「ギャラップの勝利」として知られるギャラップと『リテラリー・ダイジェスト』の対決以前に、一九三二年の大統領選挙でフランクリン・ルーズヴェルトの下で働いていたエミール・ハージャは、『リテラリー・ダイジェスト』の調査はサンプルに偏りがあることに気がついて、人口データにもとづいた修正をして利用している。アメリカでは一九六〇年の大統領選挙で世論調査の担当者が脚光を浴びるようになり、一九七〇年代に入ると世論調査の利用が本格的になった。当選の可能性をみる事前調査、立候補を決めたあと選挙戦を立案するためのベンチマーク調査、選挙戦の終盤に選挙情勢をみるトラッキング調査、といったものが行なわれるようになった。そうしたものは選挙の近代化に役立っているが、調査が悪用されるケースも出てきた。その一つが**プッシュボール**である。例えば、一九九六年の共和党予備選挙でドールはフォーブスの評判を悪くするため、「ゲイが軍人になってもよいというクリントン大統領の政策をフォーブスが支持していると知ったら、フォーブスに投票したくなりますか」「フォーブスは人工妊娠中絶に賛成しており、妊娠初期三ヵ月ならどんな理由でも中絶を認めると知ったら、フォーブスに投票したくなりますか」といった質問文の調査を行なった（稲葉哲郎「戦略的世論調査」『広報・広告・プロパガンダ』）。プッシュボールとは調査にかこつけて匿名性をもって悪意の情報を流すことである。わずかな例外を除くほとんどの地域で、勝利した州の選挙人（票）のすべてを獲得とするアメリカの選挙制度においては、きわどく拮抗している州ではプッシュボールがある程度有効なのであろう。アメリカ世論調査協会は、プッシュボールを、調査対象が通常数百なのに対して数千、調査主体が通常は世論調査会社であるのに対してテレマーケティング会社やキャンペーン陣営が担当するものとし、倫理規定に違反するとして非難している。世論調査と選挙の関係は、単に情勢を判断するということから候補者の決定に使われたり、キャンペーンと位置づけられたりして、選挙戦のなかに取り込まれてきていることを付け加えておく。

選挙予想調査の、統計調査の歴史における意義をまとめておきたい。第一は、予想という目的のためにさまざまな方法が工夫された。そうした工夫のなかからいくつかの統計調査の手法が生みだされてきたことである。第二は、選挙結果と比較することによって調査の正確さが常に問われてきた。その結果が統計調査の技術的進歩に大きく貢献したことである。第三は、調査テーマから必然的に個人を対象とする調査を誕生させた。だが、気をつけなければならないのは、個人調査と銘打ちながら選挙権のない若年層を簡単に調査対象からはずしてしまうといったような習慣を、他の個人調査にも定着させてしまったかもしれないことである。

9章　ホーソン実験に学ぶもの

産業社会学や経営学でよく知られている『ホーソン実験』は統計調査ではない。それをあえて取り上げるのは、統計調査の学習にとって重要な考えをわかりやすい形で見せてくれるからである。**『ホーソン実験』**とは、アメリカのシカゴのウェスタン・エレクトリック社ホーソン工場で、メイヨーやレスリスバーガーなどの指導の下に、一九二七年から三二年にわたって行なわれた膨大な調査である。この調査から得られた成果として、産業社会学の新しい視点である「人間関係管理」という考え方が生まれ、それはメイヨーやレスリスバーガーの著書によって世に広められた。ここで注目するのは「人間関係管理」といった成果の中身ではなく、調査のプロセスである。そのプロセスから統計調査が受けた影響というものに注目してみたい。なお、ここでは呼び慣らされている『ホーソン実験』としたが、正確には「実験」というより「総合調査」であり、「ウェスタン・エレクトリック社調査」といった呼び方のほうが適切なのではないかということを指摘しておきたい（なお「ホーソン実験」については、松島静雄編『社会学講座6　産業社会学』の第4章〔鈴木春男〕

の紹介が詳しい)。

まず『ホーソン実験』の始まりについて述べたい。一九二七年にニューヨークでメイヨーが行なった講演をウェスタン・エレクトリック社のペノックが聴いていた。ペノックは自社のホーソン工場である実験を一九二四年から行なっていたが、それが行き詰まっていたのだ。そこでメイヨーに相談をし、大々的な実験が行なわれることになったのである。その実験とは、ウェスタン・エレクトリック社が全国学術研究協議会の協力を得て行なっていた作業場の照明と能率との関係を明らかにしようとした**「照明実験」**である。この照明実験は厳密にいえばホーソン実験に含まれないのだが、ホーソン実験を一九二四年からとして含めている場合もある。統計調査が『ホーソン実験』に学ぶべきものの多くはこの照明実験にあるので、少し詳しく述べる。

作業場の照明を明るくすれば生産能率は上がるということを証明するために、ホーソン工場の三つの部門で照明を明るくしてみた。その結果、生産能率は上がったが、照明の強度と能率との間には期待したような明確な対応関係は見られなかった。

そこで次なる実験が行なわれた。部門を一つにしぼり、そのなかの作業者を二つのグループに分けた。一方のグループでは照明を三回にわたって明るくしたが、もう一方は変更しなかった。当然のことながら、照明を明るくしたグループでは能率が上がり変更しなかったグループの能率は変化しないという結果を期待したのだが、両グループとも生産能率は上がったのである。そこでさらなる実験が行なわれた。自然照明と人工照明が併用されていて、明るくしたのは人工照明の方だけなので、より厳密な実験にするために、人工照明だけの環境をつくった。そして、二グループを設け、一方は照明を一定のまま、もう一方は照度を今度は逆に下げてみた。徐々にではあるが、両グループともに生産能率は上がったのである。

ここまできて、実験を担当したペノックたちは、生産能率は照明よりも心理的なことが影響しているのではないかと考えるようになった。そこで、毎日少しずつ照明の度合を変更させながら意見を聞いてみた。「照明が明るくなるのはいい気持だ」という意見が聞かれた。ある日、いつものように電球を取り替えたのだが、前のものと同じ明るさのものに取り替えて意見を聞いた。それでも作業者は「明るくなり気持がいい」と言った。今度は毎日少しずつ暗くする実験をした。「暗くなり作業がしにくい」と言った。ある日、前と同じように同じ明るさの電球に替えたが、「暗くなり作業がしにくい」と言った。

ペノックがメイヨーの講演を聴いたのは、このような実験を終えてその先どうしていいかわからなくなっていた時であった。『ホーソン実験』は一九二七年からさまざまな調査が行なわれたが、代表的なものは次のとおりである。

照明実験の延長のような形で、継電器組立ての生産能率とさまざまな条件との関係が調べられた。継電器組立ては六名の女子で行なわれる作業であるが、まず二名を選び、その二名に他の四名を選ばせて六名とし、労働時間、休憩、賃金制度などを変更しながら一三期、一一四週にわたって行なわれた。一人当たり一週間の生産は二四〇〇個だったものが、期間中に三〇〇〇個にまで上がった。

一三期間を見渡すと、当然生産高が上がってもいいところで上がっているが、下がってもおかしくないところでも上がっている。七期と一〇期は同じ条件であるにもかかわらず二五〇〇個と二八〇〇個と後の方が高くなっている。なぜ期間を通じて生産能率が上がったかは、六人の間に生まれた仲間意識、自分たちは選ばれた存在であり注目を集めているという意識、などが勤労意欲を高めたと思われた。

そこで、感情とか心理的要素とかの、人間中心的思考による調査が企画された。およそ四万人の工場であったが、そのうちの二万一一二六人の作業員に一人平均一時間半ぐらいの面接が行なわれたのである。面接ははじめは手探りであったが、次第にしゃべりたいようにしゃべらせる非誘導型面接にしていった。従業員の態度や感情はカムフラージュされて表現されることが多いが、この面接はそれを知る上で有効であった。また、面接されるということは不満のはけ口を与えることになり、その後の態度や気分を変えることになった。

従業員の行動が感情に支配されているということがわかってきたので、バンク捲線作業の観察が行なわれた。自動電話に使う配電盤の組立てで、九名の配線工、三名のハンダ工、二名の検査工からなるグループ作業である。観察する作業員が一名加わり、彼ら一五名を他の作業員らとは別室にし、一九三一年から三二年にかけて約七ヵ月間行なわれた。その結果、生産高を自分たちでコントロールしているとか、インフォーマル組織の力が強いといった人間関係管理のもととなるようなことが観察されたのである。

Ⅲ部19章で改めて述べるが、統計調査の場合、あてもなく調査するのではなく、一定の仮説をもって行なうのがよい。そして調査では、それが検証されることによって明確な結論を得るのであるが、ときにはその仮説が証明されないこともある。そしてそのようなとき、幸運にも新しい発見がされるのである。「**作業仮説**」の事例としては、デュルケームの『自殺論』をもって説明することがいちばん多いが、ホーソン実験を生みだした**ペノックの照明実験**は「作業仮説とは何か」を学ぶもっとも良い例であると思う。

『ホーソン実験』が統計調査に教えてくれた第二の点は、「**ホーソン効果**」と呼ばれるものがある、ということである。調査が予期したとおりの結果をもたらさなかった原因の一つになったことだが、調査の対象に選ばれたことが、自分は選ばれたとか、注目を集めていると感じるようになって、平常とは異なるように人々をふるまわせるということが明らかになった。二万人を超える面接調査の実施が、工場全体の従業員の考え方や労使関係に影響を与えた。そのようなことから、調査の対象になることによって平常とは異なってしまうことを「ホーソン効果」と呼ぶようになった。これは、統計調査のみならず、社会調査全般について言えることであるし、報道の対象となる場合にも、教育の場でも当てはまることである。統計調査の場合は客観的な数字を出すツールであると思われているところから、調査対象の人間的側面を見落とし勝ちになる。その点に注意をうながしておきたい。

『ホーソン実験』で教えられる第三の点は、多数の対象者を調査するのは統計調査だけではない、ということである。二万人を超える面接調査が質的な調査として行なわれたこと、また調査の進行途中で面接の方針が変更されるという柔軟な対応がなされていること、である。統計調査は統計調査であって、調査の途中で質問の仕方が変更されることはないし、また変更されるべきではない。しかし、ひとたび統計調査となると、そう練り上げられていない調査票で調査してこと足れりとしていることが多いのではないだろうか。固定した質問文で多数を対象にする調査であれば、調査票作成までに予備調査をするとか、それができないなら少なくとも現地を見ることぐらいはすべきである。

数年の期間にわたり、また二万人を超える人に対し各一時間半もの面接も行なわれたこの『ホーソン実験』は、まず第一にウェスタン・エレクトリック社が社をあげてそうした調査に取り組んだことで実現したが、調査経費についてはロックフェラー財団が応援し、スタッフとしてはメイヨーをはじめとするハーヴァード大学の優れた研究者陣が参加した。尾高邦雄は『産業における人間関係の科学』のなかで、この点について、「われわれは一つの工場と、一つの大学と、そして一つの財団との間に行われたこのような協同作業そのものに対しても、深甚の敬意を払うべきであろう。なぜなら、それは単に《お金があるからできる》というようなことではないからである」と高く評価している。ブースのロンドンの調査のように一人に何役もを期待することは現在では不可能であろう。『ホーソン実験』は現在における優れた調査の実現のためのモデルであるともいえる。これも『ホーソン実験』に学ぶべき点である。

私が『ホーソン実験』に学ぶさらなる点だと思うのは、結果を理論にまで高め、著書として公けにしたことである。どんなに優れた調査でも、それが「調査報告書」という形でしかない段階では、それほどの影響力を持たないのではないか。調査から引き出されたものを本の形にすることで、社会に大きな影響力を持つ。そのよい例はいくつもあるが、『ホーソン実験』のメイヨーの『産業文明における人間の問題』（一九三〇年）、レスリスバーガー（共著）の『経営と勤労意欲』（一九四一年）はその好例であることは間違いない。

10章　視聴率調査の変遷

ラジオ、次いでテレビの出現は、**視聴率**を調べるという新しい課題を生みだした。そして、そのためのさまざまな調査手法が工夫されてきた。視聴率の歴史をたどってみれば、統計調査の手法が当面した課題を解決するために常に工夫されてきたことがわかる。

アメリカでラジオ放送が始まったのは一九二〇年、テレビ放送が一九四五年である。世界的にみても商業放送としてはこれが最初である。アメリカの放送はすべて民間放送、したがって広告収入で成り立っている。放送局としては、広告媒体としての価値を広告主に示さなければならない。基本的な数字は、電波の出力による電波の届く地域的な範囲である。次がその地域にある受信機の数である。それに続いて必要になるのが、どれぐらい視聴されているかということである。ラジオやテレビがあってもスイッチが入っていなければ意味がないし、スイッチが入っていてもどの局にダイヤルを合わせているかということが問題である。

一九三〇年代早々に、アメリカでは共同放送分析会社が設立され、**ラジオの聴取率**が調べられるようになった。方法は電話によるものである。電話をかけて、昨日と今日どの局のラジオ番組をいつからいつまで聴いたかを調べるのである。このような調査がなされるということは、ラジオは居間に一台で、チャンネル数は少ない、またラジオの聴き方も習慣化していてそう複雑ではない、ということが前提である。それでも、記憶にたよって答えてもらうというのは不正確であるという批判があった。そこで、一九三〇年代後半になると**電話同時法**に切り替えられた。電話同時法というのは、電話をかけて「今ラジオをつけていますか」、つけていれば「どの局ですか」と訊く。記憶にたよるのではなく、その時のことを訊くのであるから正確である。この電話同時法は正確なことが早くわかるということで、今でもその特徴を活かしてしばしば活用される。だが、聴取率調査の場合、弱点は得られる情報が極めて少ないということである。記憶にたよる通常の電話法の場合には、一度電話をかければ一日分のデータが得られた。電話同時法では電話をしたその瞬間のデータだけであるから、一日分を得ようとすれば何十回と電話しなければならない。電話による調査の場合には、コストは電話の回数にほぼ比例するから、通常の電話法から電話同時法に換えることは膨大な経費の増加につながる。また、電話をかける回数を増やすにしても限度があるから、電話同時法はコストが上がり、得られるデータが少ないという問題点を生じた。さらにいえば、常識的に電話しにくい夜とか早朝のデータは得られないということも生じる。

そこで登場してきたのが**オーディオ・メーター**である。ラジオの受信機にセットし、スイッチが入っているか切れているか、入っているときダイヤルはどの局に合わされているか、それを機械が測定し、記録するのである。聴取状況が刻々継続して記録されるのであるから正確であり、かつ、得られるデータ量も膨大である。このオーディオ・メーターは**ニールセン**が開発し、一九四〇年にはすでに全米で一二〇〇世帯に設置されていた。

こうしてラジオの聴取率調査は見事に完成されたのだが、次なる問題が起こってきた。技術の進歩でラジオが小型化したことである。居間に置かれて家族みなで聴いていたラジオが持ち運びできるようになった。カー・ラジオとして車にセットされたり、ポータブル・ラジオとして戸外に持ち出されたりするようにもなった。ラジオの広告媒体としての価値を、居間にあるラジオのオン・オフだけでとらえるのでは不十分になった。その結果、ラジオを追いかけるのではなく、人間を追いかけるように変わった。**日記式**と呼ばれる留置調査の一種で、調査票を預けておき、帯状になっている時間帯にラジオを聴いた状態を記録してもらうのである。家で聴いた場合も、よそで聴いた場合も、クルマの中で聴いた場合も、すべて記入してもらう。この方法によってラジオの小型化に対応はできたが、機械的に測定するほどの精度は期待できない。

オーディオ・メーターはどうなったかというと、ラジオに続いて出現した**テレビの視聴率調査**で使用されるようになった。新しい放送局が開局されると、視聴状況は当然調査されるが、視聴率調査のシステムが確立されているとは限らない。そこで、電話法、電話同時法、日記式、オーディオ・メーター、通常のアンケート調査など、さまざまな方法が駆使される。だが、ラジオとテレビの放送が確立している地域では、日記式とオーディオ・メーターとが並行してあるのが普通である。

ラジオは日記式、民間テレビの場合はオーディオ・メーターである。公共放送の場合は、番組編成のためのデータは必要であるが、広告媒体としての価値を示す必要はない。経費をそれほど使えないということもあり、日記式の調査にたよっていることが多い。

さて、日記式による視聴率データとオーディオ・メーターによる視聴率データの根本的な違いを強調しておきたい。どちらもいつの番組の視聴率が何パーセントということで表示されるから同じようなものに見えるが、全く違うのである。何が違うかというと、調査の対象が違う、専門用語を使うと**「調査単位」**が違うのである。オーディオ・メーターの場合はセット・イン・ユースという表現を使う。ラジオやテレビのスイッチが入っているという意味である。厳密にいえば、調べている対象は受信機なのである。だが、その受信機はその家族が聴こう、視ようと思ってスイッチを入れているので、その家族の視聴状況を調べていると見なしている。調査対象ということからすると「世帯調査」なのである。日記式の場合は「人」が対象である。記入してもらう人、本人の視聴状況なのである。調査対象ということからすると「個人調査」である。**世帯視聴率**と**個人視聴率**の違いをいうと、仮にすべてが四人世帯として各家の誰か一人だけがテレビを見ていて視聴率が四〇パーセントだったとする。これを個人視聴率に直すと一〇パーセントである。単に「視聴率」とだけいわれるが、本来なら常に「個人視聴率」「世帯視聴率」と呼び分けられるべきである。

オーディオ・メーターによるテレビの視聴率のその後の変遷に触れておく。テレビが普及して一家に二台目のテレビが入るようになった。そうなると、居間にあるテレビにセットするだけでは捕捉しきれない。そこで二台目のテレビにもオーディオ・メーターを付け、両方またはどちらかのテレビにスイッチが入っていればテレビを見ていたことにする。そう何台までもとはいかないが、四台目ぐらいまでには付いている。オーディオ・メーターによるテレビ視聴率は、世帯のなかのどれかのテレビがセット・イン・ユースであるかないかで測定している。次に起きた問題は、世帯視聴率への批判である。オーディオ・メーターによって正確に測られるのはよいが、世帯視聴率では誰が、すなわち、どのような人が見ているかわからない、という不満が広告主からもたらされるようになった。番組の内容、番組に対する視聴者の反応、あるいはテレビ視聴に関するさまざまな調査データなどを総合すれば、どの番組はどのような人が見ているか、ある程度はわかる。オーディオ・メーターによるテレビ視聴率は精密な測定が最大の目的だとすることもできなくはない。だが、機械の進歩がオーディオ・メーターによる個人視聴率の測定を可能にした。**ピープル・メーター**と呼ばれているシステムである。受信機にオーディオ・メーターをつけるということは同じだが、センサーでテレビの前の人数を認識、またテレビの前にいる人は見始めと見終わり時にリモコンでテレビに自分の番号を登録する。あらかじめ家族員は調べてあるので、これによって個人視聴率が測られるようになった。ボタンの押し忘れが心配されたが、センサーで人数を認識することでクリアしているようである。将来的にはテレビの前の人間を赤外線で認識するオーディオ・メーターが実用化されるだろうと言われている。だが、また新たな問題にぶつかりつつある。一つは多チャンネル化、二つ目は録画（特に録画時のコマーシャルのスキップ）、三つ目はテレビの小型化である。

ラジオの視聴率調査がたどった道をテレビもまたたどらなければならなくなる、という心配は十分にある。

測定技術ということでは最も進歩した視聴率の世界で、変化する状況に対応するためにプリミティヴな留置調査（日記式）に頼らなければならない、というのは全く皮肉なことだが、避けて通れない現実なのである。テレビ、ラジオ、それにインターネット、録画といったメディアの変遷のなかで、それらがどれだけ視聴されているかを調べるには、最先端の技術を駆使する一方で、プリミティヴな「日記式」や素朴な電話調査やアンケート調査も必要であるということを知るべきである。

11章　マスコミ効果調査

人類の世界を大きく変えた三大発明として火薬、羅針盤、活版印刷をあげたのはフランシス・ベーコンであり、なかでも活版印刷の発明は人間を視覚人間に変えたとその影響の大きさを強調するのは**マクルーハン**である。マス・メディアは文化の領域に属することがらだけに、科学的に、いいかえれば実証的にとらえることはむつかしい。活版印刷に続いて出現したラジオ、テレビ、そしてインターネットも、社会に大きな影響を与えてはきたが、それがどのように、またどれぐらい、ということは正確にはとらえにくい。それに対して社会調査がどう挑戦してきたかをたどってみる。

ラジオが人々に与える影響の大きさを証明する特異な出来事がアメリカで起こった。一九三八年、CBSは「マーキュリー劇場」でオーソン・ウェルズの『宇宙戦争』を放送したところ、大パニックを起こした。本当に宇宙人が攻めてきたと思い、家を飛び出した人もいた。全米で六〇〇万人が聴き、一〇〇万人ぐらいの人が驚き、大混乱を起こしたという。この出来事は**キャントリル**によって調査され、『**火星からの侵入**』（一九四〇年）にまとめられた。多くの人がラジオ放送で宇宙人が攻めてきたと思ったのだが、これは音だけのメディアのほうが人々の想像力をかきたてるからで、むしろテレビでは起きにくいことであろう。興味深いのは、キャントリルの研究によれば、宇宙からの侵入を信じた人は途中から見た人、また他のメディアで確かめようとしなかった人だ、ということである。始めから見ていればそれが「ドラマ」であることはわかるわけだし、チャンネルを変えてみればそんなニュースは流されていないことで判断できる。調査の結果、ラジオの影響力が極端に強いとはならなかったのであるが、活字メディアと違ったラジオの威力を人々が知ったことは間違いない。命名はだいぶ後になってのことではあるが、マス・メディアが人々を直接行動にかりたてるこの威力は**「魔法の弾丸理論」**と呼ばれるようになった。

マスコミの威力を実証しようと試みられた調査が**『ピープルズ・チョイス』**である。ラザースフェルド、ベレルソンらによる調査は、一九四〇年の大統領選挙戦の時期に、オハイオ州エリー郡で行なわれた。同じ人を対象にして党大会をはさんだ長期間にわたって何度も調査をし、マス・メディアへの接触と誰に投票するかという投票意図との関係を調べた。結果はどうであったか。五月と十月に調査した約六〇〇人についてみると、五三パーセントの人がマス・メディアへの接触によって誰に投票するかという自分の考えを補強した。二六パーセントの人はある党の支持と明確な支持なしとの間の変化であった。投票を明確に変更した人は五パーセントでしかなかった。調査を企画した人たちが予想した「マス・メディアへの接触が投票意図を変更する」という仮説は否定されることになった。この調査ではもう一つ興味深いことがわかった。選挙期間中に熱心にマス・メディアに接触したのは政治に熱心な人たちで、政治に関心のない人はマス・メディアから政治に関する情報はあまり得ない、ということがわかった。では、そうした政治に無関心な人たちはどのようにして情報を得るかというと、政治に熱心な人たちからだということもわかった。そうした調査結果から**「マス・コミュニケーション二段の流れ」**という仮説が考え出された。マス・メディアから発した情報は**「オピニオン・リーダー」**によって受け取られ、選別されたり修正されたりして、一般の人たち**（フォロアー）**へと流れるというものである。マス・メディアの威力は強大であるとする「魔法の弾丸理論」に対して、「オピニオン・リーダー」という人間の介在があり、またマス・メディアからの情報は意見の変更よりも補強に使われるので、マス・メディアの影響は限定的である、という**「限定効果論」**が提唱されることになった。

この『ピープルズ・チョイス』の仮説を検証するために、**カッツ**と**ラザースフェルド**によって**『パーソナル・インフルエンス』**という調査が行なわれた。調査は一九四五年、イリノイ州の中規模都市で行なわれた。マス・メディアから出てきた情報が人間を通してどう流れるかがテーマとなったため、政治だけでなく、日用品の購入、ファッション、映画鑑賞を加えて四つに広げ、調査地域は相互に誰かを認識できる程度の大きさのところとし、そうしたことについて誰に話したか、誰から聞いたか、を調べた。その結果「オピニオン・リーダー」の存在が確認されると同時に、オピニオン・リーダーはテーマ別に異なること、オピニオン・リーダーはどの層にもまんべんなく散在していること、オピニオン・リーダーから他の人へ情報が流れるのは職場とか家庭といった第一次集団のなかである、といったことが確認された。『ピープルズ・チョイス』『パーソナル・インフルエンス』という二つの調査を経て、限定効果論のもとになった「マス・コミュニケーション二段の流れ」という考え方が確立されたのである。「オピニオン・リーダー」という呼称から、そのような役割を果たす人が存在するような印象を持つ向きが多いが、マス・メディアから流れた情報が人々に影響を与えるプロセスでそういう機能があるということで、同じ人間がオピニオン・リーダーであると同時に、またフォロアーでもあるということはごく普通のことである。

マス・メディアの様相は複雑で、また次々に変化してきている。そのため、マス・メディアの効果調査もさまざまなものが実施され、マス・メディアの効果に対する考えも修正されてきている。**ドイッチェマン**と**ダニエルソン**は、アイゼンハウアー大統領の心臓発作などの大ニュース三つについて何で知ったかを調査し、六人中五人までがマス・メディアで知ったことを明らかにした。さらに、人々が知ってから、より詳しい情報を求める場合もマス・メディアを利用することが多いことも判明した。こうした結果により、「影響」はパーソナル・コミュニケーションによって、「情報」はマス・コミュニケーションによって、というように「マス・コミュニケーション二段の流れ」は修正して理解されるようになった。

一九六三年、アメリカの**ケネディ大統領が暗殺**された。この暗殺に関してさまざまな研究がなされたが、暗殺されたというニュースがどのように伝わったかという研究もある。狙撃を受けたのは午前十時三十分頃である。十一時三十分頃には八八パーセントの人たちが既にこのニュースを知っていた。家庭にいた人たちはマス・メディア、それもテレビで知ったという人が多かった。職場にいた人たちは四分の三が他の人から聞いていた。後から知った残りの一二パーセントの人たちも含めて、人々はこのニュースを知るとマスコミからさらに情報を得ようとスイッチを入れた。この点では、「マス・コミュニケーション二段の流れ」の仮説とは異なる。だが、ケネディ暗殺のニュースの流れの研究では、別の面も指摘されている。それは、人々は誰彼なしに話したいという衝動にかられたということである。そして実際に、電車の中で全く知らない隣の人に話しかけたりしたという。ケネディ暗殺のような超特大ニュースは、大ニュースとはまた異なった流れ方をすると考えるのが妥当であろう。

こうしたマスコミ効果をテーマとした調査は、状況に合わせ、テーマをもち、用意周到な設計のもとに行なわれている。また、『宇宙戦争』や「ケネディ暗殺」のように事後にあわただしく調査する場合もある。そうした調査、あるいは研究の積み重ねが、一つのテーマ(この場合はマスコミの情報の流れと影響)を幅広く、また深く、解き明かしてきた。一つの調査から一つの結論ではなく、こうした研究プロセスのなかで統計調査も活かされる、という好例として理解してもらいたい。統計調査を「ワン・ショット・サーベイ」と呼び軽視する人もいるが、数ショット・サーベイであることもあるのである。私は常に数ショット・サーベイであるべきだと思っている。

統計調査の有効な使い方の一つは『ピープルズ・チョイス』にみられるパネル調査である。**パネル調査**とは、同一のテーマで同じ人たちに複数回調査し、個々の人たちの変化をみる調査である。

パネル調査の特色は同じ人たちをあるテーマで継続して調査することにある。複数回の調査は同じ内容である必要はない。個々の人たちがどう変わったかを見ればよいのである。同じ方法、同じ内容で定期的に調査をし社会の変化をみる**時系列調査**と一見似ているが、全く異なる。政党の支持率の変化を追うのなら毎回同じように行なわれる時系列の世論調査でよいが、全体の変化はなくともそのなかで人びとの支持は移っているのか、それともほとんど固定しているのかを見ようと思えば、『ピープルズ・チョイス』のようなパネル調査が必要になる。

パネル調査は毎回同じ人たちに調査し、時系列調査は同一条件で選ばれた同じような、しかし毎回異なる人たちを対象にする調査である。

このパネル調査は厄介な問題もかかえている。一つは、同じ人に何度も調査をすると調査に協力してくれる人数が減り、正確度が下がることであり、もう一つは、**ホーソン効果**（九一頁参照）ともいうべきことが起こり、二度目以降の調査に影響が生じる可能性があることである。それだけに調査設計に工夫が要る。

同一のテーマを追う数ショット・サーベイに加え、テーマによってはこのパネル調査に挑戦することも必要であろう。教育効果などを調べるには何年、ときには何十年という期間を要するパネル調査も必要となることを指摘しておきたい。

12章　日本の世論調査

アメリカを除けば、選挙予想調査などの世論調査は第二次世界大戦終了後に活発に行なわれている。日本もその例外ではないが、戦前にも調査は行なわれていた。それが大戦中は途絶え、戦後急速に発展した。すべてが戦後にということではなく、戦前の経験や知識が戦後に活かされたこともあったと考えてよいのではないか。

戦前に日本でどのような世論調査が行なわれたかをみると、一九二五（大正十四）年にNHKが**番組嗜好調査**というものを行なっている。集金人が調査票を配布し、郵送で回収した。一九三三年まで、一二回行なわれた。一九三〇（昭和五）年には文部省が壮丁思想調査を行なっている。今の呼称でいえば、青年意識調査である。一九四〇年には毎日新聞社が入試制度についての調査を行なっている。いずれも本格的な世論調査とは言い難いが、初期段階の世論調査は戦前にもいろいろな形で行なわれていたのである（『世論調査ハンドブック』）。

一九四五年八月十五日に終戦、日本中ががらりと変わった。世論調査もすばやく行なわれている。

一九四五年十一月には毎日新聞社が二〇〇〇人を対象に知事公選についての世論調査を実施、この調査で注目されるのはアメリカのギャラップと同様「割当法」（クォーター・サンプリング）で調査対象を選んでいることである。朝日新聞社は一九四六年七月に吉田内閣政治活動調査を実施し、対象は二〇万人である。できるだけ多くという考え方で対象者を集めている。**輿論科学協会**は一九四七年三月に選挙に関する予想調査を行なっている。安井誠一郎と田川大吉郎で争われた東京都知事選で、**無作為抽出（ランダム・サンプリング）**で対象を選び、見事に的中している。調査では、安井五四・一パーセント、田川四二・三パーセント、その他三・五パーセント。選挙結果は、安井四八・一パーセント、田川四二・〇パーセント、その他九・七パーセントで、安井の当選を当てた。その調査にはGHQも感心したという。この無作為抽出は、一九一二年のボウリーよりは遅いが、一九四八年のギャラップの敗北よりも早いのである（八二頁参照）。

世論調査は**質問紙面接法**を基本として活発に行なわれていくが、選挙予想に世論調査を活用するということは、日本ではすんなりとはいかなかった。アメリカの選挙の花形は大統領選挙である。複雑な選挙制度ではあるが、全国二大政党の候補のどちらが勝つかという予想で、予想の作業は単純である。日本では、衆議院議員選挙、参議院議員選挙といった国政レベルの議会選挙が中心で、議席数の予想である。しかも、選挙制度が複雑で、かつては全国区があったり、地方区は中選挙区であったり小選挙区であったり、とさまざまであった。そうしたなかでの議席数の予想は大変むつかしいのである。また、選挙では地盤や組織の持つウェイトが高かった。したがって、誰が当選するかはジャーナリストの取材によるのが基本であった。日本での世論調査は、どちらかといえば**民意**はどうかということを調べて発表することが先行し、選挙予想への利用は遅れていたし、利用してもあくまで補助的であった。

その民意を調べる世論調査でも、日本では世論調査は絶対的なものとは見られなかった。講和条約をどのような形で行なうか、すなわち、全面講和か単独講和かが争われたときでも、辻村明は「朝日新聞が一九四九年には有識者を対象にして、全面講和賛成五九パーセント、単独講和賛成二一パーセント、わからない二〇パーセント、と報道している。この結果は全面講和支持の朝日の社論に一致するものである」、と批判的に指摘している。一九五〇年の世論調査では、全面講和賛成二一・四パーセント、単独講和賛成四五・六パーセント、わからない三三・六パーセントなのである。対象の決め方、質問の仕方で調査結果はある程度変わり、世論調査は絶対的なものではない、ということは、日本では世論調査に携わる人のなかである程度意識されていた。また、輿論科学協会の人たち、文部省統計数理研究所の人たちなどは、そうした問題の研究に取り組み、成果を挙げている。

統計数理研究所が行なった事例を一つ紹介する。一九五五年の東京都知事選である。保守の安井誠一郎と革新の有田八郎との、事実上一騎打ちの選挙であった。知事選というのは一人を選ぶだけであるから、国政選挙とは異なり、アメリカ大統領の選挙と同じで、予想はしやすい。だが、実際に予想をしようとするとむつかしい問題があることがわかった。日本の選挙は空欄に名前を書かせる、調査でいえば**自由回答法**なのである。候補者の名前を並べておいて○をつけさせるのではない。その結果、事前に調査を行なうと回答をしない、いわゆる「ＮＡ」が圧倒的に高い。調査結果は安井一四・一パーセント、有田一〇・三パーセント、その他〇・二パーセントと低かった。生のデータという調査結果の数字は、そのままは使えない。そこで、データを修正して得票率を予測するということが研究された。名前を回答しなかった人、調査できなかった人を、調査で名前を挙げた人の比率で配分するというのが第一案。態度を明確にしなかった人は明確な考えがないのだから、二大候補のどちらかに同一の確率でいくというように仮定し二分して加えるのが第二案である。どちらがより妥当であろうか。第一案では安井五七・五、有田四二・〇、第二案では安井五一・八、有田四八・〇となった。選挙の結果は安井四九・八、有田四七・四で、第二案の方が開票結果に近いということがわかった。統計数理研究所のこうした研究の積み重ねの結果、世論調査手法から得られたデータを修正するという考え方が支持され、また修正する技術が磨かれていった。彼らは朝日新聞社や毎日新聞社の選挙予想にスタッフとして加わり、日本的な選挙予想の技術をつくり上げた。残念ながら、それらの技術とデータはそれぞれの企業機密となっていて、あまり公開されていない。

日本のマスコミの選挙予想は、世論調査結果を修正した**修正票**と、新聞記者の取材した**ヨミ票**とを、会議でつき合わせて総合判定をする、というのが普通である。どちらをどの程度重視するかといったことは変化してきているが、その方式の基本構図は変わっていない。この構図のなかで世論調査の威力を感じたのは、一九七四年の参議院議員選挙の全国区の予想であった。この選挙では、

NHKのアナウンサー宮田輝が出馬し有力視されていた。毎日新聞社では、ヨミ票で一位、修正票で二位、選挙の結果は一位であった。話題としては、戦前の婦人活動家市川房江と、テレビの脚本家青島幸男が立候補していた。市川房江は高齢ということでヨミ票では五〇位、青島幸男は不真面目なお笑い番組の作者というイメージでヨミ票は四六位であった。ところが、世論調査の修正票では青島が一位、市川が三位であった。修正票二位は宮田である。あわてて新聞紙面での扱い方を変えている。選挙の結果は、宮田輝の一位に続いて市川房江が二位、青島幸男が三位であった。だが、日本の選挙は「では世論調査で」というほど単純ではない。このとき修正票で二六位の小林武治はヨミ票では六位、選挙の結果は八位であった。組織票の候補の場合は、世論調査データよりもヨミ票の方が当たることが多いのである。

選挙予想のついでに、統計数理研究所の研究成果をもう一つ紹介しておきたい。それは、**回答者はどれぐらい正確に回答してくれるか**、という研究である。選挙予想の調査では調査の結果が選挙で出るために、調査技術が磨かれる。それはアメリカでも日本でも同じである。対象者の選び方と予想との関連の研究は、その一環の研究として行なわれてきたが、日本では**回答の信頼性**にも踏み込んでいる。その一つが、投票に行ったかどうかという回答と実際の行動との関係の研究である。選挙の場合に投票したかどうかは選挙管理委員会が把握している。その結果は一六パーセントの人がホントのことを回答しない、ウソをつく、ということがわかった(「行った」と回答したのに棄権している人が一四パーセント、「行かなかった」と回答しながら投票に行っている人が二パーセントと、一六パーセントはウソの回答をした)。しかもその後も研究される度に約一五パーセントの人はウソをつくということが検証されてきている。ホントのことを言わない人がいても、ウソのつき方が一定の傾向をもっていなければ相殺されて平均とか分布の形としての調査結果への影響は少ない、ということになっている。

ともあれ、日本では、統計調査のデータはそれをそのまま事実として受け止めるよりは、同種のデータを積み重ねて係数をつくり、その係数で修正する方がよい、という統計調査の利用方法を開拓しそれに市民権を与えてきた、ということを強調しておこう。

このことは選挙予想のみならず、マーケティング・リサーチでの購買予想などでも同様である。

13章　心理学と統計調査

心理学の発達は統計調査の活用をいっそう幅広いものにしている。また、統計調査での社会の見方に新しい分野をもたらした。心理学の門外漢である私が語るのは少々おこがましいが、統計調査の側から眺めた、**心理学の影響**を見ておくことにしよう。

一九六二年に社会人となり、広告やマーケティングに関係した仕事をすることになった私は、当時日本でも話題になっていた**パッカード**の『かくれた説得者』を読んで衝撃を受けたことを覚えている。人間はいかに不合理なものか、またその人間への説得の現実のすさまじさに驚いた。なかでも、特に私の興味を惹き、いまだに忘れられないのが、その本で紹介された色彩研究所の**チェスキン**の行なった実験であった。その実験とは次のようなものである。

三種類の洗剤を主婦に数週間使用してもらって、繊細な布地の洗濯にはどれがいちばんよいかを答えてもらうのである。三種類の洗剤は、「断然黄色」の箱に入ったもの、「ぜんぜん黄色なしの青の勝った」箱に入ったもの、「青だが黄色を散らしてある」箱に入ったもの、の三種類だが、実は中に入っている洗剤は全く同じものだった。結果は、「黄箱の洗剤は強すぎる、布地を痛めることもあったとまで言った。青箱の洗剤については、たいていの主婦が洗濯ものの仕上げがきれいでない、とこぼした」。青と黄の箱の洗剤は圧倒的な好評を得た。洗剤の品質のテストであったにもかかわらず、主婦たちが現実に動かされたのは洗剤の箱のデザインだったというのである。パッカードの本では、この実験は文章で簡単に紹介されているだけなので、いつ、どこで、どのようになされたのか、よくわからないのだが、この単純明快な実験の結果から、パッカードも主張するように、人間には自分では気がつくことのない**深層心理**というものがあり、人間の行動はしばしばその深層心理によって左右される、ということを印象づけられた。

人間の行動に本人が意識しないところで作用する深層心理を調べる調査は、**モチベーション・リサーチ**と呼ばれ、一九五〇年代が最盛期であった。著名な心理学者たちが大手広告代理店などに協力し、マーケティングの世界で華々しい成果を挙げた。統計調査の基本は「質問」である。だが、深層心理は本人が気づいていないのだから、そのような手法ではとらえられない。そこで心理学的な実験とか深層面接だとかが用いられた。しかし、モチベーション・リサーチはやがて下火になり、あまり聞かなくなった。その理由は、私の推測では、人間の行動のメカニズムを解明することが主目的であり、一旦それが解明され理論として確立されれば後はその理論があればよいとなるからではないか。心理学的手法を用いてのモチベーション・リサーチは衰退したが、深層心理をとらえる原理が統計調査に活かされる形でその後も役立ってきている。**連想法**や**投影法**がそれである。こうした技術は今後も大切にされるべきであろう。

『かくれた説得者』で深層心理を教えられた私は、自分が担当した調査のなかで、「判断の枠組み」と「判断の材料」という考えを提示した（『日本の自動車』毎日新聞社広告局、一九六二年）。チェスキンの実験にこれを当てはめれば、「判断の枠組み」は「汚れ落ちがよく布が傷まない洗剤」ということであり、「判断の材料」は「箱のデザイン」ということになる。洗剤のみならず多くの商品でこのようなことは当てはまるし、政治の世界で誰に投票するかというときにもこのメカニズムは見られる。統計調査は、主として「判断の枠組み」について調査するものであるが、「判断の材料」は何かということも追求すべきで、それは手の込んだ工夫が必要であろう。いずれにせよ、モチベーション・リサーチは、本人が気づかない心理、深層心理の存在を示すことによって、通常の統計調査に弱点があることを気づかせたということで、大きな貢献をしたといえよう。

心理学の統計調査への貢献としては、**態度についての調査**が最も大きいのではないかと思う。態度そのものは社会学の研究対象でもあり、当然のことながら社会学者の行なう社会調査でも質問項目に入る。だが、態度はどのようなものであって、態度はどのようにとらえるべきか、そのための質問文のあり方は、ということは心理学者の研究に負っている。態度とは「個人がかかわりをもつあらゆる対象や状況に対するその個人の反応に、指示的あるいは力学的な影響をおよぼす、持続的に体制化された、心的神経的な準備状態」（オルポート）あるいは「社会的対象に対する反応の一貫性の持続的徴候群」（キャンベル）である。意見や行動は人間の外に現われるので、見たり聞いたりすることができるが、態度そのものは直接にはわからない。そこで、意見や行動について複数の質問をして態度を測定するという考えを確立した。具体的な方法は、サーストン、リッカート、ガットマンによって考案され、それぞれ**サーストン法**（一九二九年）、**リッカート法**（一九三二年）、**ガットマン法**（一九四四年）として知られているが、実際に使われているのは圧倒的にリッカート法が多い。質問文がつくりやすいこと、簡略法があり簡便にできること、による。危惧するのは、リッカート法と称して使用しているうちにどんどん簡略化して、本来の考え方を忘れてしまうことである（態度の調査については『世論調査で社会が読めるか』で詳しく述べた）。

心理学の統計調査への貢献ということでは、**イメージ調査**というものもある。イメージというものは誰でもが知っていることで、どの専門分野の学問ということはない。古くは哲学や文学でも論じられてきたものである。心理学がイメージの研究で調査に貢献したのは、オスグッドが一九五七年に提唱した「**SD法**」である。「速い―遅い」「大きい―小さい」「静かな―騒がしい」などの形容詞、形容動詞の対を複数用いて、七段階あるいは五段階で評価させることによってイメージをとらえるのである。簡便な方法としてはその結果をそのまま図表にして用いるが、本格的には**因子分析**にかける。因子分析にかけると「評価性因子」「力量性因子」「活動性因子」と必ず三つの因子が出てくる。この因子を使って三次元空間に位置づけてイメージを比較することができる。オスグッドはこの意味空間を使うことによって言語の異なる文化圏間の比較も可能になると考えた。オスグッドの考え方に対する反論もあった。ワインライヒはSD法でとらえる**意味空間**はオスグッドがいうような広い意味空間でなく、情緒的な意味空間であると主張した。三因子以外の因子が出たという反証もある。だが、SD法はマーケティング・リサーチの世界でイメージ調査の手法として現在でも有効である。

統計調査は言葉を用いて「質問」と「回答」がなされ、結果を数字としてまとめる。数字になってしまえばいろいろな比較が可能だが、前提となる言語が異なれば安易に比較することはできないのではないかという問題があり、国際間の比較は厄介である。オスグッドのSD法による意味空間という考えは、その解決に一つの道を拓こうとしたといえよう。SD法による意味空間がどこまで有効かは問題が残るが、安易な国際比較調査を戒める意義は大きい。林知己夫は、言語の違いを解消する方法として、一〇個のオハジキを用いた実験をしている。欧米人は明解な回答をする傾向があるのに対し、日本人は中位のあいまいな回答をし意見を明確に表現しない傾向がある。これが欧米人と日本人の意見の表明の仕方の違いによるものなのか、英語と日本語といった言葉の性格の違いによるものかを調べるため、一〇個のオハジキをどう置くかで回答させることを試みたのである。オハジキでも、日本人は「あいまいな回答」がやや多いという結果であった。

質問紙を用いて調査し結果を数値でとらえる統計調査は、数字を出すことに走りがちだが、人間を深層から見ようとする心理学は、統計調査を多様で奥行きのあるものにしてくれた。

14章　地域調査の功績

今日の統計調査に大きな影響を与えている調査の一つとして『ヤンキー・シティ』を紹介したいが、その前に『ミドルタウン』に簡単に触れておきたい。この二つの調査は、ともに社会調査史にさんぜんと輝く地域調査である。

『ミドルタウン』は、**リンド夫妻**によって行なわれた調査の報告書として一九二九年に刊行された。調査は一九二四年の一月から翌年の六月まで、アメリカ中西部の人口三万六〇〇〇人の都市ミドルタウン（仮称）に調査スタッフが滞在する形で行なわれた。調査地域の選定は観察可能な規模であることがまず決められたが、アメリカ社会の変化をとらえるのに適した場所が用心深く検討された。リンドは調査対象地域を、①気候が温和、②成長率が高く社会変動がある、③工業化がすすんでいる、④一つの工場に支配されていない、⑤工業に比肩する地方固有の生活がある、⑥特異な、あるいは緊急な地方問題をかかえていない、⑦中西部に存在する、という条件を吟味して選んでいる。アメリカ社会の全体ではなくそのほんの一部、それも一カ所だけを調べるが、最も標準的ないる。

しは代表的なところを選んで調査することによってアメリカ社会を知ろうというのである。この調査は、資料や聞き取りによって、調査を実施した時点の一九二五年と、それから三五年遡った一八九〇年とを比較する、あるいはその間の変化を追うという形で行なわれている。観察の対象となるのは、(1)生活費の獲得、(2)家庭づくり、(3)青少年の訓育、(4)余暇利用、(5)宗教的慣行への参加、(6)地域活動への参加、である。またこれらの観察では、「常に人間を相手にしている業務階層」と「物を相手にしている労務階層」に二分する視点を持ち込んでいる。このような視点を重視したのは、調査の結果というよりもリンド夫妻の考え方の影響が強かったためであろうが、**階層**は地域調査の重要な視点としてその後の調査にも影響を与えたと考えられる。

『ミドルタウン』のテーマは、変化とそれへの対応で、六つの項目の変化のスピードが異なることが最大の問題だ、という結論を出している。ますます変化の激しくなる現在、変化のスピードの差が問題という結論は、今もうなずける指摘ではないだろうか。

『ヤンキー・シティ』は**ウォーナー**らが一九三〇年から三五年にかけて、アメリカのニューイングランド地方の人口一万七〇〇〇人の**ヤンキー・シティ**（仮称）に滞在して行なった調査である。調査の結果は一九四一年以降に「ヤンキー・シティ叢書」として刊行された。ウォーナーは『ミドルタウン』を評価して、「社会学者はコミュニティを社会組織というよりも、個人の総体あるいは、社会の一時代を形成する一プロセスとして研究してきた。この唯一の有名な例外は、リンドのミドルタウンの研究である。しかし、全体的なコミュニティの研究は社会学の分野では例外だった」

（『アメリカ人の生活構造』）と述べている。ウォーナーは文化人類学者であり、その分野でも業績を挙げている。『ヤンキー・シティ』はアメリカの現代社会（当時）を文化人類学的なアプローチで行なった総合的な研究である。だが、ここではそのなかの**社会階層**に関する研究のみに触れる。

ウォーナーはヤンキー・シティの社会階層を六つの層としてとらえた。そして、そうした社会階層をとらえるためにEP法（相互評価法）とISC法（地位特性指数法）を考案し、用いている。

まず**EP法**について説明する。EP法は、一つのコミュニティの社会制度のなかで相互に影響し合っている人々は、まわりの人たちの社会参加を評価している、個々人の地位が評価されている、さらにコミュニティの構成員は格付けを理解している、という考えにもとづいている。EP法は行動観察と面接法を基本においている。誘導的や暗示的な質問はせずに、①実際にある階層とその呼称、②その諸階層のいくつかの特質、③各層に属する何人かの名前、④各階層間の関係、などを引き出す。その結果、上層については「四百人」「四百と考えている三百九十八の人」「地主階級」「家族も金もある人たち」「町で社会史をになうお偉方」「貴族」「富と古い家柄がある集団」「町で他の人々を見下している人たち」「道楽者」「絹の靴下をはく階級」「紳士きどり」などといった表現が得られた。各階層についてこうした表現を得ると同時に、そこには誰が入るかを調査するのである。

ISC法は、職業、収入源、住居の型、住居地についてそれぞれ七段階で評定し、職業四、収入源三、住居の型三、住居地二のウェイトをつけ、合計点で階層を判定するのである。EP法とIS

C法との整合性を調査の過程で検証していることはいうまでもない。

ウォーナーは、そのようにして調べた社会階層を六つに分け、それぞれを「上の上」「上の下」「中の上」「中の下」「下の上」「下の下」とした。調査の結果は「上の上」一・四パーセント、「上の下」一・六パーセント、「中の上」一〇パーセント、「中の下」二八パーセント、「下の上」三三パーセント、「下の下」二五パーセントであった。社会階層であるから、上とか中といった表現を当てはめるが、それは上下関係だけを意味していた。注目すべきは、大きく三つに分けるときには、中の上と中の下の間、下の上と下の下の間に区切りをつけていることである。ウォーナーは、「はじめに階層ありき」と考え、調査で操作的にとらえたものを階層ときめつけず階層をあるがままにとらえる調査方法を考えた。階層をEP法とISC法を用いて、なるべくあるがままに生き生きしたものとしてとらえようというのである。それを表示するときに単純な名称をつけたが、不幸なことは、その名称のみが一人歩きしてしまっていることである。

社会に階層があるということは、社会調査が発見したのではない。誰でも気がついていることであるし、多くの学問が取り組んできている。歴史学は「身分」を、政治学や経済学は「階級」を、そして社会学は「階層」を論じてきている。そしてそれらの内容は豊かなものだ、と私は思っている。ウォーナーはそうした社会の上下構造の研究に新たな貢献をした、と評価していいのではないか。

ウォーナーの考えはその後『**SSM調査**』に引き継がれている。『SSM調査』は社会学会が中心になって進めている社会階層および階層移動についての総合調査である。日本では一九五五年から一〇年ごとに日本社会学会によって行なわれている。社会階層を実質的にいちばん反映するのは職業であるという考えにもとづき、人々が職業をどう評価しているかも調べている。EP法を引き継いだものといえよう。階層をとらえる方法としては『SSM調査』でもISC法の考えを採用している。

『SSM調査』は継続している質問項目の他に毎回テーマを設けてもいる。その結果、これまでにも多くの成果を挙げている。その一つに、終身雇用の日本では労働移動が少ないとみられていたが、大企業では労働移動は少ないものの中小企業では労働移動はかなり高いことがわかったことなどがある。

話は変わるが、統計調査では**フェース・シート**と呼ばれる調査項目がある。対象者の属性を調べて分析視点とするための調査項目で、「性」「年齢」「学歴」などである。当然のことながら「階層」も加えたい。階層に関連した項目としては「収入」「職業」「住居形態」などがあるが、「階層」そのものを加えたいとは誰しも思うだろう。そこで階層を調査する簡便な方法はないかということになる。日本では「あなたの暮らし向きは次のどれにあたりますか」と質問し、「1上、2中の上、3中の下、4下の上、5下の下」で回答させる。これは厳密にいえば「階層帰属意識」であって「階層」そのものではない。『SSM調査』に携わるような社会学者からすれば、この質問項目を階層の判定に使うことには異論があるが、通常はこれが広くまかり通ってしまっている。その挙句に

「日本人の八割は中流」といった誤った見方が流布されることになる（『世論調査で社会が読めるか』に詳しい）。

この章で述べたいことは、社会調査はやりさえすれば必ず貢献するとは限らない、ということである。リンドやウォーナーのように総合的な視点をもって、さまざまな手法を駆使し多大な労力をつぎ込んで取り組まないと、身分とか階級とか階層とかは、とらえたり解き明かしたりすることができないのである。それをたった一問ですまそうというのは虫がよすぎる。フェース・シートはそれほど手の込んだ質問はできないが、それでも『ＳＳＭ調査』の成果をふまえたものにするぐらいのことはしてほしい。

最後に、**ライフ・スタイル**について触れておきたい。歴史的にみれば、身分、階級、階層と変遷してきたが、その階層も稀薄になり、見えにくくなってきた。そこで登場してきたのがライフ・スタイルである。統計調査の手法で、属性や嗜好、行動などを調査し、**クラスター分析**にかけるのである。そこで得られたグループを利用する。井関利明らの調査では「富裕安定型」「開放革新型」「堅実前向き方」「享楽感覚型」「閉鎖停滞型」「孤立消極型」「体制脱出型」「疎外型」（『ライフスタイル発想法』）となっている。一見見事に日本人のライフ・スタイルがとらえられたように見えるが、名前は調査を企画した人たちがつけたもので、どの程度明確に分かれたかは定かではない。いずれにせよ、こうした新しい分析を可能にしているのはコンピュータの発達によるもので、その傾向は強まる一方である。

15章　社会をとらえる継続調査

　どのような社会調査が行なわれているか、また実施が可能かということは、その社会の状態による。調査は簡単にできるものではないのである。そこで私は、社会の発展段階を社会調査の実施状況から判断することも可能ではないか、という考えを持っている。第一段階は人口が把握される段階である。人口センサスが行なわれる段階で、領土国家の確立を意味する。第二段階は世論調査が可能な段階で、国家が民主的に運営される段階を意味する。この二つは社会の発展を示す絶対的な指標としては無理であっても、指標の一つとはなりうると思っている。

　そうした指標に加え、三番目の指標として、社会の状態が継続的に調査され記録される段階というものを考えてみたい。社会調査は、社会の状態を把握するために行なわれるのであるから、特定の問題を解明する単発的な調査もあるが、短期的に早急に結果を得るというよりも長期にわたって継続することによって社会をみようというものもある。後者の調査が増えることは社会の成熟を意味するのではないか。日本では第二次世界大戦が終結し、戦後の混乱がある程度収まってからそのような段階に達したといえる。

日本では、同じ内容で定期的に行なわれている**継続調査**は数多い。それらのなかには、最初は一回限りのような考えでスタートしながら、何回目かから継続調査となっているものもある。毎日新聞社の『読書世論調査』は一九四七年に初めて行なわれ、一九四九年からほぼ毎年実施されている。同じく毎日新聞社の『全国家族計画調査』は一九五〇年、一九五二年に行なわれ、一九五五年から隔年に行なわれている。このようなテーマの調査が継続的に行なわれているのは、世界でも珍しいのではないかと思う。『全国家族計画調査』は国連から表彰を受けている。一方、既に触れた『国勢調査』や『家計調査』も重要な継続調査である。『SSM調査』もその一つである。こうしたものを挙げればきりがないので、この章では三つだけ紹介することにする。

まず、統計数理研究所が一九五三年から五年ごとに行なっている『**日本人の国民性調査**』である。調査の内容は、日本人のものの考え方を多角的に調べたもので、日本人らしい考え方を明らかにすると同時に、時間の経過による考え方の変化もとらえてみせている。例えば、「くらし方」では「清く正しく」が一貫して減少し、「趣味に合った」が一貫して増えている。「自然と人間との関係」では、自然に「従う」が一九六八年から七三年の間で急激に増え、「征服」が激減している。二つの項目の変化の仕方の対照的な様子がわかる。日本人の意識をテーマとした継続調査は多々あるが、先鞭をつけたという点、調査の内容が充実しているという点、さまざまな角度から「国民性」を研究している点、また調査技法の研究・開発といった点で、この調査は代表といってよいであろう。

次は、中央調査社が一九六〇年六月から二十歳以上の個人を対象に面接法で行なっている『**時事世論調査**』である。対象者は最初一二五〇人であったが、六一年四月からは二〇〇〇人となっている。調査項目は支持政党、内閣支持率など簡単であるが、一九六〇年六月以降の政党支持率と内閣支持率を毎月とらえ、しかも公表している、ということで貴重なデータである。政党支持率・内閣支持率は大手新聞社が行ない公表してきているが、各新聞社の盛衰、あるいはその時々の政策で、頻繁に行なわれたり回数が減ったりしている。確実に継続しているということでは、『時事世論調査』を評価したい。一九六〇年以降の数字を見ることによって議院内閣制の日本での政党支持率と内閣支持率の関係、あるいは内閣発足から退陣までの支持率のパターンのようなものが、ある程度は見えてくる。世論調査の結果を「これが世論だ」と金科玉条のように考えず、「世論」とはどういうものかを研究する素材として大いに活用されるべきであろう。

最後に紹介するのは、ＮＨＫが一九六〇年から五年ごとに行なっている『**国民生活時間調査**』である。ＮＨＫは公共放送であるので、国民に提供する放送番組を考えるために調査を行なわなければならない。その第一は、どの番組がどれぐらい視られたかという視聴率調査であるが、その他に、テレビの視られ方を生活のなかに位置づけてみるために『国民生活時間調査』を行なってきている。

ここで特記しておきたいのは、『国民生活時間調査』は一九四一（昭和十六）年、すなわち、十二月八日には太平洋戦争に突入という年にも行なわれていたということである。戦前の様子を知る貴重な資料である。一九四一年の調査は調査対象が特定の層であるといったように調査設計が異なるので、NHKでは戦後一九六〇年に始めた調査を第一回とし、一九七三年に行なった中間調査は通し番号では数えていない。

『国民生活時間調査』で目を惹くのは、サンプル数の多さである。一九六〇年の調査では一四万五四四六人、一九九〇年の調査では九万二四〇人、一九八〇年の調査では六万七六八〇人となっている。いちばん少ない一九九五年の調査でも七二〇〇人である。なぜ大サンプルになるかを四万五一二〇人の二〇〇〇年の調査について見てみよう。

調査は日本人の生活時間がどうなっているかを調べるため、留置法で「時刻目盛り日記式」調査票に連続二日間の生活行動を記入してもらう。一回の調査で二日分のデータが得られる。人々の生活時間は曜日によって異なる。一回の調査では二つの曜日しか調べられない。そこで四回調査を行ない、日曜日が二回、土曜日が二回、平日は月・火・木・金がそれぞれ一回ずつ対象になるようにしている。日曜、土曜、平日のデータをそれぞれ別のものとして得るために、通常の調査よりサンプルは多くなる。それだけではない。二〇〇〇年の調査では全国四七都道府県別のデータを得るために、各都道府県の調査対象を各九六〇人としている。その結果、四万五一二〇人という数になる。しかし、各都道府県を各九六〇人とし、単純にそれを合計して全国のデータとしたのでは、人口の少ない県の数字のウェイトが高くなる。そこで、全国集計にするときは四万五一二〇人から七二〇〇人を取り出して集計している。一人につき二日調べているから、日曜三六〇〇人、土曜三六〇〇人、平日は七二〇〇人分のデータになる。二〇〇〇年のようにサンプルが非常に多いのは、県別データを得るためである。

調査の内容は単純である。あらかじめ分類されている行動を何時から何時まで行なったかを時間帯に線を引くことで記入していく。二つの行動を同時に行なった場合は並行して記入すればよい。付帯質問としては、性、年齢、職業などの属性と休日制度などがある。

調査結果は、行為者率と行為時間で表わすのが基本である。行為者率は、日曜、土曜、平日とそれぞれに、一日二十四時間が一五分刻みで、その時間帯にその行為を行なっている人の率が表示される。「すいみん」をみれば朝四時では何パーセントの人が、朝六時、朝八時では何パーセントの人が寝ているか、逆にいえば何パーセントの人が起きているかがわかる。テレビの視聴では、そのテレビを視るという行為者率が何パーセント、また、何かをしながらが何パーセント、ということがわかるのである。行動時間は、全体の時間と行為者の時間との二種ある。表のパターンは単純である。その単純なパターンが、「全体」「男」「二十代男」といったようにさまざまな層別に出ている。調査結果の表は数字ばかりで無味乾燥だが、日本人の生活が時間という面でとらえられており、この資料の利用法は無限にあるといってもよい。

なお、テレビ・ラジオの番組制作の参考にするということから、年齢を十歳以上とし、子供から高齢者までカバーしている点も評価されていいであろう。

どんな調査にも欠点がないわけではない。一九六〇年から五年ごとではあるが、一九六〇年、六五年の調査は面接法、一九七〇年からは配付回収法（留置法）となっている。また一九九〇年までは自由に書かせて後から整理するアフターコードであるが、一九九五年からはあらかじめ項目をあげておくプリコードになっている。こうした調査方法の変更は、厳密な意味では時系列な比較をしにくくしているが、長期にわたる場合はやむをえないことである。

この『国民生活時間調査』について、あえて指摘したいことがある。それはこの調査が、一定時間を要する行為、睡眠、食事、通勤、テレビ視聴などには向いているが、短時間ではあるが重要な行為の捕捉にはあまり向いていない、ということである。例えば、神棚・仏壇を拝むとか、庭に来る鳥にエサをやるとかである。

新聞の見られ方について、通常の質問紙面接法の調査で行なわれた毎日新聞社の世論調査の結果と、ＮＨＫの『国民生活時間調査』とを比較してみたことがある。おおざっぱな比較であるが、閲読時間ではそう大差ないが、行為者率では大きく違っていた。これは明らかに調査の仕方による差である。

ともあれ、一九六〇年から五年ごとに、国民の生活時間を全国的にとらえる大規模な調査を持っているということは、世界に誇ってよいことではないか。技術の進歩は、人間の行動をとらえるにも、鳥の行動を調べるように身体に発信機をつけて測定するようになるかもしれない。それを発展させていけば、短時間の行為もある程度測定できるようになるかもしれない。しかし、過去に遡って調べることはできないのである。

全くタイプの異なる三つの継続調査を紹介したが、長期間にわたってそうした資料が整えられる段階に入ったことは、人間の社会の歴史の新しい書き方の可能性を示しているのではないか。単純にして大規模な調査が継続されている価値は大きい。だが、大きな価値を持つには、単独の調査として活用されるのではなく、総合的な社会史のなかに織り込まれていることである。それは日本ではまだだが、いずれそうなれば社会調査がほんとうに第三の段階を迎えたと言えるのではないかと思う。

最後にこれらの継続調査の問題点をいくつか指摘しておきたい。第一は、質問項目が社会の変化によって時代にそぐわなくなってくることである。継続性を犠牲にして一部修正していることが多いが、そのような措置でしのぐしかあるまい。第二は、これらの継続調査の調査主体はさまざまで、なかには調査の継続という観点に立つと不安定なケースがあり、調査を継続させるための社会的な取組みが必要だということである。第三は、社会の新しい状況をふまえて新しい継続調査が生みだされる必要があるということである。新しい調査はかなり誕生しているが、『SSM調査』『日本人の国民性調査』『国民生活時間調査』が生みだされたときのようなエネルギーでもって新しい調査が生みだされているか、そこが心配である。

16章　ブランド・リサーチの変遷

統計調査の歴史を振り返ると、それは一様の流れではなく、幾筋もの流れであることがわかる。しかも、その幾筋もの流れは、誕生から今日まで並行して流れてきたというものではなく、他の流れと交わったり合流したりしたものもあるし、誕生して程なく消えてしまったものもある。そうした流れを安田三郎は『社会調査ハンドブック』で、①行政的目的の統計調査で、センサスと呼ばれるものの流れ、②社会事業的目的を伴って行なわれる社会踏査、③主として営利機関がサービス的または営利的目的のために行なう世論調査および市場調査、④研究的目的のための調査、と四つの系譜に整理している。社会調査の歴史をいくつかの系譜としてとらえる考え方は今も主流をなしている。だが四つの系譜については修正が必要である。異なる視点のものとしては、宝光井顕雅は大橋・宝光井・吉原『社会調査論』で、(1)国家が主体となっている調査、(2)個人または民間レベルの調査、(3)労働者の側からの調査、と整理している。社会調査が歴史的に果たした役割を時代背景のなかで強調するのにはよいが、整理の手法としては強引過ぎるようにも思う。直井優は社会調査の発展過程を次のように叙述している。「人口の全数調査であるセンサスを社会調査の第一段階とすれば、産業革命によって生じた貧困に関する調査を中心としたル・プレーやブースの現地調査（フィールド・サーベイ）は、いわゆる《社会踏査》として経験社会学における第二の革新を果たした。この段階において、後に洗練されるようになった調査票法や面接法や、さらにはクロス集計分析等、社会統計学の萌芽が出てきたことは興味深い。第三の革新は（中略）選挙調査などの世論調査と市場調査の発展に依存するところが大きい」、「方法論上の革新の一つは、標本抽出法にある」、「方法論上の第二の革新は構造化された調査票の作成とそれに基づく個別面接調査法の確立にある」、「構造化された質問文の作成には、長期間にわたるフェース・シートの検討、各質問文や回答肢のワーディングの検討、各種の尺度の構成がなされて、はじめて達成されたものである」、「現在は、社会調査の発展における第四の段階にある。それは収集されたデータの解析における統計学的方法の導入にある。これには、統計学における多変量解析法、多次元解析法、構造方程式モデルの導入、ノンパラメトリックな統計学の導入等々、枚挙にいとまがない」（『新社会学辞典』有斐閣、一九九三年）。社会調査の歴史を系譜としてよりは発展過程としてとらえられている。

もし、社会調査の歴史が誰かによって編纂されるとすれば、さまざまな調査が誕生・生成した系譜を基本にし、それぞれの調査が社会的に果たした役割にまで触れ、さらには、社会調査の技法がどう形成され発展してきたかも視野に入れたものになるべきであろう。安田三郎が四つの系譜に整理する案を提示してほぼ半世紀が経過するのに、まだその域からほんの少し進んだに過ぎないというのが現状であろう。前進をはかるためには、人間が必要に応じて社会を認識するという活動のなかで一つの方法として社会調査も活用された、という視点からの点検が不可欠である。本書の第Ⅱ部は、社会調査のなかの統計調査について、それがどのように誕生し発展してきたかを、既存の、しかも手近に得られる知識で構成してみたものである。安田三郎の提示した社会調査の歴史の四つの系譜については、私は組換えが必要だという立場に立っている。研究調査と事業目的調査とに共通項を見いだしたいと考える。社会調査を社会運動の一環として考えるべきであるという人もいるが、私は社会調査の本質は事実を明らかにするということにあり、研究調査と事業目的調査はその点で同じ系譜に入ると思う。両者は社会の改良も考えることが多い。また、営利調査として世論調査と市場調査を一括りにすることには無理があると考える。二つの調査は性質が異なるし量的にも非常に多く、それぞれ独立した系譜とすべきである。

マーケティング・リサーチにはまたいくつかの系譜がある。世論調査、研究調査、マーケティング・リサーチは別の系譜ではあるが統計調査の技術、手法という観点でこれらを統合して見ることも必要であろう。直井優の言うように発展過程としてとらえることも試みるべきである。

そのようなものになりえたかどうか自信はないが、このⅡ部の最後のまとめの意味も含めて、**マーケティング・リサーチ**の歴史について触れておくことにする。

さまざまな社会調査、主として統計調査の誕生と発展を見てきたが、初めから社会調査というものが明確な姿であったわけではない。課題があり、その課題に応えるための活動のなかで社会調査らしきものが現われてきたというのがほとんどである。マーケティング・リサーチについては、これまであまり初期のことは述べられていないが、物が商品化し、現金で不特定多数に売るという行為が誕生してからは、少なくとも市場調査という行為がなんらかの形ではあったであろうと推測される。商品を不特定多数に売るために広告が使用される段階になると、マーケティング・リサーチの必要性は飛躍的に高まる。そして、10章の視聴率調査で見たように、広告媒体を調査する系譜が新しく生まれ、13章の心理学と統計調査で見たように、購買行動の探求というような系譜も生まれた。売り先がどれぐらいあるか、また、そこにどれぐらい売れているかというマーケットの調査もまた一つの系譜として、比較的早い段階から今日まで続いてきている。

マーケティング・リサーチの歴史に最初に登場するのはアメリカでカーチス社が行なった広告媒体についての調査である。これが実施された一九一一年はマーケティング・リサーチにとってエポック・メイキングな年であった。この年、全米広告業協会で最初の組織的な読者調査が行なわれた。また、ハーヴァード大学にビジネス・リサーチ局が設置された。

日本においても、マス・プロダクション、マス・セールスの時代になると、熱心なメーカーはマーケットの動向に関心を持ったに違いない。営業マンがもたらす情報が主ではあったろうが、初歩的な社会調査の手法も用いられたはずである。しかし、マーケティング・リサーチが本格的に行なわれるようになったのは一九四五年の終戦以降である。ここでは、戦後の日本のブランド・リサーチがどう発展してきたかを眺めてみよう。

ブランド・リサーチとは、商品ごとにメーカー別のシェア、あるいは銘柄別のシェアを調べる調査である。メーカーが行なう場合は自社製品のシェアを見るためのものであるが、調査会社やメディア、広告代理店などが、幅広い商品を同時に調査し、その結果を有料ないしは無料で配布するのが一般的である。

日本の代表的なブランド・リサーチは、一九五四年に創立された**中央調査社**の『**ＢＢＲ**』という調査である。全国二万五〇〇〇世帯を対象に年二回定期的に行なっていた。ここで注目してもらいたいのは、二万五〇〇〇世帯という大サンプルを調査していること、同じ調査方法で継続して調査していること、である。大サンプルが必要なのは、普及率の低い商品のブランド・シェアを調べるため、またシェアの極端に低いブランドを捕捉するため、さらには正確なデータを得るためである。二万五〇〇〇世帯というのは必要な規模であって、過大ということはない。正確に地区別あるいは層別のデータを見ようとすれば、二万五〇〇〇世帯でも少ない。継続調査であることの意義は、変化を時系列に追えるということにあるが、それ以上の意味があるといってよい。社会調査のデータというものは、個々の値としてみるとさほど信頼の置けるものではない。だが、同じ方法で行なわれたデータ同士の比較はかなり信頼できる。社会調査は一回の調査の結果を見るよりも、継続して行ない、変化を見るほうがずっと信頼が置け、役立つからである。

中央調査社の『ＢＢＲ』は代表的なブランド・リサーチであったが、一九六〇年頃には新聞社は自社のエリアのブランド・リサーチを行ない、広告主に無料で配付することを積極的に行なった。

自紙読者における商品普及状況やブランド・シェアを広告主に提供して、宣伝計画に役立ててもらおうというものである。朝日の『ABR』、毎日の『MCR』などが代表的なものであったが、経費をそう潤沢に使えるわけではないので、規模的には『BBR』に及ばなかった。調査方法は、『BBR』と同様で、多くの商品について「使っているか」「使っているのはどの銘柄か」を同時に調査するため、質問のボリュームが非常に大きくなるので、調査票を預けておいて記入してもらい後日取りに行く「**留置法**」であった。記入を依頼する対象は、買物に詳しい主婦としていた。

留置法によるブランド・リサーチの場合、調査票を見て使用銘柄に○をつけてもらうという調査方法である結果、一番初めにある銘柄に○がつきやすいという欠点がある。歯磨きの調査だと、まず歯磨きを使っているかどうかを質問し、使っている人にはどの銘柄を使っているか、歯磨きの銘柄を並べておいてそのなかから選んでもらう。銘柄とは、ライオン、サンスター、コルゲートなどである。この銘柄の並べ方は、決まりがあるわけではないから、アイウエオ順でも、順不同でも、古い順でもいいのだが、シェアの大きい順、よく売れている順というのが普通である。毎日の『MCR』では、どう並べたとしても初めの方にくる銘柄の数字が高くなるのであれば、二種類の調査票をつくりその結果を平均してはどうか、と考えた。A票ではサンスターを一番、ライオンを六番におき、B票ではライオンを一番、サンスターを五番においた。A票ではサンスター五九・〇パーセント、ライオン五〇・一パーセント、そしてB票ではライオン六四・〇パーセント、サンスター四七・一パーセントとなった。順位が入れ替わるし、数字の差も大きい。全商品を二種類の調査票で調べていたのだから誇ってよい調査である。銘柄の並べ方でこんなに大きな差が出るのにそれほど問題にされなかった。なぜか。それはどの調査でもシェア順にしているため、調査間の比較で不自然さがなかったからであろうか。調査データの一つの落し穴といってもよいであろう。

圧倒的な強さを誇っていた中央調査社の『BBR』に対抗して、**社会調査研究所**（現インテージ）が『**SCI**』というブランド・リサーチを始めた。一九六四年である。『SCI』は、お買物帳と称した調査票を預けておいて、買物したらその都度記入してもらう方式である。広い意味では留置調査となろうが、日記のように毎日記入してもらうということから、通常「**日記式**」と呼ばれているものである。調査票を留め置く期間が長いとまとめて思い出して記入することによって正確さを欠いてしまうので、それを防ぐため、調査票は月に三回（一〇日ごとに）郵送で回収された。「使っている」という習慣ではなく、実際に「いくら購入したか」金額がとらえられたということ、購入頻度をとらえられたこと、また「いつも使っている」というのに対して「いつ購入した」のか季節による変化が正確にとらえられたこと、銘柄の把握を詳細にしたこと、など、得られるデータは格段にレベルアップした。だが、いいことづくめではない。調査経費が莫大になる。そのため、『BBR』の二万五〇〇〇サンプルに対して四八〇〇サンプルでしかなかった。また、一回限りの調査ではなく二年間の協力を求めたため、協力してもらえる対象者の確保に苦労するということもあった。一定期間同一の対象に協力してもらい継続して行なう調査を、マーケティング・リサーチでは**パネル調査**というが、ブランド・リサーチは消費者パネルと呼ばれる。

社会調査研究所の『ＳＣＩ』開発には『ＭＣＲ』を行なっていた毎日新聞社が全面的に協力した。『ＭＣＲ』を廃止し、『ＳＣＩ』の基本的な部分を『ＭＣＩ』として広告主にサービス提供した。高額の『ＳＣＩ』とサービスとしてもらえる『ＭＣＩ』が一時期併存したわけだが、消費財メーカーの目は『ＳＣＩ』に向かっていった。高価でも詳細なデータが欲しい、ということが立証されたことになる。これは統計調査史に書き留めておいてよいことではないだろうか。

『ＳＣＩ』が誕生し、普及していったことによって、『ＢＢＲ』はどうなったのであろうか。メーカーにすれば両方あればよいが、調査経費にも限りがあるので、一部のメーカーでは『ＳＣＩ』に絞り込んでいくのも当然であった。その結果、『ＢＢＲ』は耐久消費財の調査に変質していった。高額で購入頻度の低いものは、年二回の調査で記憶によって記入してもらっても信頼できるデータが得られる。購入頻度が低いのでサンプルは大きい方がよい。『ＳＣＩ』と『ＢＢＲ』はある意味では商品のマーケットでの特性に合わせて棲み分けていったと言えなくもない。なお、『ＳＣＩ』のサンプルは徐々に拡大されてきていることを付け加えておく。

さらに、この『ＳＣＩ』も変質を迫られることになる。商品の多様化が進んだためである。ビールを例にとれば、かつては一メーカー一種類、容器もビール瓶と決まっていた。その頃は調査がしやすかった。それが、一社で何種類ものビールまたはビールの類似商品を出す。容器も瓶、缶、それに大きさもさまざまである。それらを対象者に購入の都度正確に記入してもらうことは大変である。そこへバーコードが登場してきた。そこでバーコードを読み取る端末を預けて置き、商品を買ってきたら読み取ってもらう**ホーム・スキャン**という方法に変わった。調査会社と対象者の家を電話回線でつなぐことによって、結果を出すまでの時間も大幅に短縮した。まさに画期的な調査方法であるが、大手調査会社しか参入できない仕事にもなった。テレビの視聴率調査もそうであるが、**調査会社の装置産業化**である。

『SCI』誕生のときの思い出話を二つする。『SCI』は社会調査研究所の独自の調査ではあるが、アメリカではすでに同様の調査が行なわれていて、それを参考にして改良した、というのが一つである。ブランド・リサーチもインターナショナルなノウハウによって支えられている。もう一つは、国の家計調査との連動を考えたことである。家計調査は総消費支出を把握はするが、大雑把な費目までで銘柄には全く触れない。一方『SCI』は多数の商品について銘柄を詳細に調査するが、消費全体や主食や生鮮食品などは全くとらえない。そこで、この二つを合わせて見られるようにと調査を設計した。それが有効に使われたとはいえないが、調査ではそういう配慮も大切である。

マーケティング・リサーチの最先端を見ると、視聴率調査やブランド・リサーチのように装置産業化する動きは、コンピュータや通信手段を駆使する方向へとすすむ一方である。それどころか、さまざまなデータがコンピュータに取り込まれて処理され、判断結果を排出してくる。それはもはや調査結果というよりも処理された情報に近い場合もある。インターネットを使った調査も急速に伸びている。統計調査のフィールドの様相も一変してきている。

このような状況をどうとらえるべきであろうか。私は基本的にはすべてを認めるという立場である。そして、社会の状態を数量的にとらえようとする調査はひとまず統計調査と大括りすることだと思っている。大切なのは、その上で、統計調査を一様には見ず、何のための、どのような対象の、何を調べる調査かによって区別して考えることである。視聴率調査やブランド・リサーチのように測定という色彩の濃い調査がボリューム的には肥大化しているが、新しい動きを発見するとか、人間の行動についての理論を構築するとか、社会全体の姿を正確に知りたいといった目的がなくなってしまったわけではない。それらに応える技術も常に新しく工夫していくべきだということを申し添えて、統計調査の歴史の記述を終わることにする。

Ⅲ　社会調査の技法

17章　調査対象選定の技法

これまでの社会調査の入門書では、ランダム・サンプリング（無作為抽出法）をよしとし、「母集団」「標本《サンプル》」「標本抽出《サンプリング》」という用語が主役であった。そして、ランダム・サンプリングの場合の誤差の計算式が詳しく説明された。だがⅡ部「統計調査の歴史」でみたように、ル・プレーの家計調査、ブースの地域調査、リンドの地域調査など調査対象の選定は多様である。この本では、調査対象が現実にどう決められていくかを重視し、調査対象選定の方法は多様であるべきこと、また、実際に調査することができた対象についてのデータから何をどう読み取るべきかを考えること、を基本にすえた。そのため、これまで使われてきた用語を言い換えたり、新しい用語を使用したりもしている。

社会調査は実証主義的でなければならない。ということは、現実と正面から向き合うことを避けてはならないということでもある。手に入らない名簿を前提としたり、回収率が低下しているにもかかわらず回収率一〇〇パーセントを前提とした誤差の計算にこだわりすぎることは、避けるべきであろう。

1　調査対象の選定

われわれが関心を持つのは、この地球上に時空を超えて存在する人間たち、あるいはその人間が形成する社会や集団である。しかし、それらを全部ひっくるめて調査することはとても不可能なことであるから、どの調査も一部分、それもごく一部分を調査しているに過ぎない。全数調査とか悉皆調査であってもごく一部を調査していることに変わりはないのである。

では、そのごく一部の調査の対象となる人はどのように決められているのであろうか。ありていにいえば、目の前にあるもの、あるいは視野に入ったものを対象としているのだが、それをまず次の三つに分類したい。

在即対象
選定対象
抽出対象

「在即対象」とは、担任の先生が自分の担当しているクラスの生徒にアンケートをとるとか、市役所がゴミ焼却場を建設するので対象地域の住民の意識調査をするとか、ある小売店がその日の来店者にアンケートをとるといったような場合である。調査するべき対象は目の前にあるものである。

「選定対象」とは、視野の範囲内にある対象から自分が行なう調査に合った対象を選ぶ場合である。学習効果をあげる勉強法を研究するために成績のよい学童に勉強法を訊くとか、生活に与える雪の影響を調べるために豪雪地帯を対象に調査をするといった場合である。

「抽出対象」とは、内閣の支持率を調べるので日本の有権者を対象に調査を行ないたいが、とても全員はできないので二〇〇〇人を抽出して調査するといった場合である。この場合は、日本の有権者が母集団であって、標本の抽出のされ方は調査結果が母集団に当てはまるようになっていなければならない。すなわち、抽出の仕方はどうでもいいということではない。全国の有権者からそれを代表しうる二〇〇〇人を選ぶので「抽出対象」と言うのである。適当に二〇〇〇人というわけにはいかないのである。「抽出対象」はいつも等確率に母集団から選ばれるとは限らない。だが、本来調査したい対象があって、そこから調査する対象を選ぶわけであるから、選び方にはそれなりの方法を考える必要はある。

この三種類の調査対象は三つの類型をなしてはいるが、それぞれの調査の対象がこのうちのどれか一つに当てはまるというものではない。内閣支持率調査であれば在即・抽出対象、すなわち日本の有権者ということでは在即、そのなかから何人選ぶかでは抽出、であるように、いろいろな複合型も考えられる。また、選定と抽出がどこまで明確に区別できるかということもあろう。例えば内閣支持率についても、東京・新橋の広場で五〇〇人に訊いてみました、という調査もありえる。この場合「新橋」は選定、五〇〇人は即在と考えられる。通行人を一〇人おきに一人選んで調査したとなると五〇〇人は抽出となる。

社会調査の入門書では、調べたい対象が**母集団**、実際に調査するのが**標本**で、標本は母集団から抽出されるとするが、重要なことは、**まず母集団ありきではなく、まず調査対象ありき**、と考えることである。調査対象によっては、それが抽出されてきた母集団があるということなのである。明確な母集団がない調査はいくらでもある。

これまでの社会調査の入門書では、調査するべき対象(母集団)から実際に調査する対象(標本)をどう抽出するかに重点が置かれていた。抽出の方法にこだわるのは、標本を調査した結果が母集団にも当てはまるようにしようと考えるからである。だが、その考えは根本的に間違っている、と言いたい。どんなに用意周到に標本を抽出して行なった社会調査でも、一つの社会調査の結果は一つの社会調査の結果でしかないのである。母集団についてはその結果があてはめられるというにすぎない。そこから社会一般に当てはまる理論や法則が得られるのではない。理論や法則は研究者がその調査結果に触発されて知的活動を行なった結果の所産なのである。母集団・標本という考えをいったん捨てて、調査した対象そのもの(**有効回収票**)のデータから、それがどんなデータであれ、何が言えるのかということを追求する理論と技術を磨き上げるべきではないだろうか。

2　対象選定方法の種類

対象選定という用語は少し馴染みがないかもしれないが、調査する対象を決める方法と作業のことである。母集団から標本を抽出するということもこのなかに含まれる。

図表17-1のように、まずは大きく三つに分かれる。第一は事例調査の対象を選定する、第二は統計調査の対象をともかく集める、第三は母集団から標本を抽出する、ということである。**標本選定**（selection）、**標本収集**（gathering）、**標本抽出**（sampling）は、私がとりあえずつけた名称であり、まだ一般に通用するものではない。それぞれが四種あるので、計一二種となる。それに、調査の過程のなかで対象を探して調べ上げる「頭数え調査」（counting）を加えて一三種としたい。調査対象の決め方にはいろいろな考えがあることを理解してもらうために、第一の標本選定の説明をする。

「任意の事例選定」であるが、この考えの背景には人間は誰でも同じという考えがある。そうかどうかは調査のテーマ・内容次第である。人間誰でも同じという考えで行なえる調査の場合には、対象の選定に気をつかう必要もないし、調査から得られた結果も広く当てはめてよい。ここで重要なことは、どれぐらい誰でもよいといえるかである。母集団と標本の関係を数学者たちが探求し、判断できるようにしたように、人間についての研究者たちも、困難でもこのテーマに取り組むべきであろう。その研究結果は、事例調査だけでなく統計調査にも生かされる。心理学の知覚に関する実験では、人間誰でも同じという考えが強く、被験者は手近な学生などが選ばれることが多い。食品会社が行なう味覚テストも、甘さの比較、辛さの比較などは比較的誰でも同じであろうが、微妙な味の比較では鋭敏さに差があったり、好みが影響したりするのではないだろうか。その場合は任意といっても、ある程度対象者は選別されることになる。

図表17－1　調査対象選定の方法

- 標本選定（selection）
  - 任意の事例選定……誰でもよい心理学の知覚の実験など
  - 典型的な事例選定……犯罪者の心理の調査など
  - 標準的な事例選定……例：ミドルタウン
  - 縁故事例の選定……縁故のあるところを選ぶ
- 標本収集（gathering）
  - 機縁法……便宜的に手近な対象を選ぶ
  - 雪だるま法……対象者に次々に紹介してもらう
  - 応募法……マスメディアなどで呼びかける
  - 等間隔法……通行人調査で等間隔に選ぶなど
- 標本抽出（sampling）
  - 割当法（クォーター・サンプリング）
  - 単純無作為抽出法
  - 層化多段系無作為抽出法
  - 集落抽出法（生徒でなく学級を選ぶ、といった例）
- 頭数え調査（counting）……路上生活者の数を調べるとか、国勢調査による人口調査など

従来からの分類に著者の考えを盛り込んで一部変更してある。頭数え調査を独立した別種のものと位置づけてみた。

標本選定とは「事例調査」の対象を選定すること。選ぶのは個人であったり集団であったりするが、選ぶ数は1つあるいは数個。実験の場合でも多くて2桁の数のような場合、研究のテーマによって異なった考えにたち選定する。

標本収集、標本抽出、頭数え調査は「統計調査」の対象を選定する方法。調査の目的とか与えられた条件によってさまざまな方法がとられる。どれが良くてどれが悪いというのではなく、目的と条件のなかで役立つ方法がそのつど工夫される。

「典型的な事例選定」は、調査したいテーマに都合のよい人を対象に選ぶということである。すでに問題が起きており、調査スタッフがそのことにある程度の知識もある段階では、当然考えられる対象を選ぶであろう。問題はテーマ次第である。犯行動機を調べるとか、死に直面したときの心理とかを調べる場合は**典型法**で対象は選ばれ、「観察・聴取」で研究されるのが適している。一般の人にアンケート調査をしても核心には迫れない。統計調査の対象選定でも、そのテーマにあった母集団を選んだり、雪だるま法で調査対象を集めたりする。実りある調査になるためには、典型法の考え方で調査対象を選定することが有効である。

「標準的な事例選定」は、たった一つの事例を調べるのならなるべく偏っていないものにしよう、という選定の仕方である。日本の農村を一ヵ所調査するとしよう。水田がほとんどない山村ではまずいと思うだろうし、半農半漁の村でもまずい、牧畜のウェイトが高いところもまずい、ハウス栽培が主でもまずい、となろう。だが一方では、ほとんどが水田という村よりは、「まずい」と思った要素が少しずつ入っている村が望ましいという気もしてくる。標準的ということは、そうしたあいまいな概念である。たった一カ所調べるなら、無難なところが望ましいといえよう。Ⅱ部14章で紹介した『ミドルタウン』の地域選定がこれに当たる。ここで思い出してもらいたいのは、Ⅱ部6章で紹介したル・プレーの家計調査の標本選定では、社会の状態を調べたいのだが、そのためにまず重要な階級の労働者を選び、労働者の状態は家計に現われると考えて、家計を調査することにする。そして、家族構成という要素が複雑にからまないようにするために標準的な家族に限っている。

なんでも全体から無作為抽出（ランダム・サンプリング）をすればよいというものではない。個人が調査単位で、普通選挙制度の実施されている国での世論調査なら、母集団から標本を無作為に抽出すればよいが、生活実態などとなると、すべてを同時に調べるのが得策かどうか疑問である。標準的な事例選定の考え方は、統計調査の対象選定でも取り入れられるべき重要な考え方である。

最後の四つ目の**「縁故事例の選定」**について述べる。農村調査や企業内の調査（産業・労働調査）では、調査の対象は何らかのコネクションのおかげで了解が得られたところとなることが多い。このような場合をここでは**縁故法**と呼んでいる。望ましいことではないというのが一般的な考え方であるが、私は縁故法なるものに積極的な意味を見いだそうと思っている。参与観察法や生活史法らしきものをやったことのある人なら誰でも感じることであろうが、対象者の「協力してやろう」という気持が調査を行なう上でどれだけ大切かということである。その気がなければ調査はできないのである。母集団から標本を抽出するという考えに立てば望ましくない対象選定の方法であるかもしれないが、調査の協力が得られるということではむしろ推奨されてよい。

話を統計調査に移すと、統計調査の**機縁法**には、縁故法も含むこともあるが、統計調査では本来は集めやすさや協力の得やすさよりもサンプルの代表性が重視されるべきである。だが、調査方法との関係もあるが、パネルを設定して行なわれる調査の場合は、代表性よりも協力の方が大きな比重になっているのが現実である。統計調査においても協力の問題が重要な課題になっていることはあり、対象者を「縁故法」的に確保しているケースもある。

3　統計調査の対象選定

統計調査の対象選定については、Ⅱ部8章のアメリカの選挙予想調査の歴史でみた「ギャラップの勝利」「ギャラップの敗北」によって、「多く集める」から「割当法」さらに「無作為抽出」へと進歩してきたとされる。これが正確ではないことはすでに述べたが、「機縁法」や「応募法」は好ましくなく、「無作為抽出」がよい。「無作為抽出」ができなければせめて「割当法」で、と一般的には考えられている。事例選定の説明に関連してすでに統計調査についてもいくつか説明したが、「雪だるま法」「応募法」「割当法」「無作為抽出法」について少し説明しておきたい。

「雪だるま法」は、特殊な人たち（例えば、ある遊びに熱中している人とか）を対象に調査をしようとした場合、たまたま対象になった人から仲間を次々に紹介してもらうという対象の選び方である。標本選定の「典型的な事例選定」に当たるもので、有効な方法である。しかし、集まればよいというものではないから、紹介された人たちを調査後、分析に入る前に選別するとか、社会を見る大きな枠組みで対象となった人たちを位置づけてみるといったことが必要である。

「応募法」は、社会調査の入門書では無責任なサンプリングと非難されるが、マーケティングの現場では大いに役立っている。雑誌に挿入されている読者ハガキは応募法の一種である。雑誌の編集に大いに役立っている。広告に懸賞をつけて応募してもらうハガキも参考になっている。応募法の場合は母集団にあたるものはないか、あってもなきがごとしだし、応募してくる人たちが偏っていることも事実である。だから通常の統計調査のように「○パーセントの人が……」というようには使うべきでないが、調査データとして役立つことは多い。

「割当法」は、母集団から標本を抽出するという考えに立ち、いくつかの項目で標本が母集団と同じになるように対象者を集めるという調査対象選定法である。「ギャラップの敗北」で欠点が露呈したとされるが、その後もずっと使用されている。割当法が使えるには母集団についてのデータがなければならないという制約があるが、**無作為抽出**が現実問題としてできなくなっている現状では貴重な方法である。今では、とりあえず集めた調査対象（有効回収票）を割当法の考え方で集計段階でウェイトをかけて母集団と同じ構成にするということで行なわれている調査もある。例えば電話法で行なった世論調査の回収票が女性2に対して男性1だったとする。その場合集計段階で男性を2倍にし男女比を同じにするといったようにである。これを**ウェイト集計**という。

「無作為抽出法」は、標本の偏りを少なくするということに加え、誤差が推定できるということで、よい方法とされてきた。また実務的には「層化」「多段」「系統」抽出というものが確立されている。しかし、この方法による調査対象の選定は、数多く行なわれている調査の一部でしかなく、また、名簿が使えなくなるといった調査環境の悪化から減少傾向にある。無作為抽出は母集団が明確になければならないし、名簿がなければならない。また、名簿が正確でないこともあることに留意すべきであろう。Ⅱ部6章の家計調査の誕生と成長でみたように、母集団から無作為に抽出し、平均値あるいは割合を出せばよい、といった調査だけではないことを強調しておきたい。

4 調査対象選定の現実

社会調査の入門書では、無作為抽出（ランダム・サンプリング）が中心に述べられ、その方法として層化・多段・系統無作為抽出が説明される。それらを学ぶことは当然であるが、そのような調査対象の選定はマスコミが行なう世論調査や、国や地方自治体が行なう意識調査などに多く、そうでない調査では別の方法がとられていることが多い。マスコミが行なう世論調査でも、短期間で結果を得ようとする選挙予想調査では、電話番号をコンピュータでランダムに選び、電話が通じた家の人（その選び方はいろいろある）を調査対象とする**ＲＤＤ**（ランダム・デジット・ダイヤリング）による電話調査と投票所の出口でアンケートをとる**出口調査**に移行している。厳密な意味での無作為抽出とは言いがたくなっているのである。

マーケティング・リサーチは課題によってそれに適した多様な調査方法がとられている。調査対象の選び方もそうである。国勢調査区を無作為《ランダム》に抽出、その地点内の世帯を住宅地図で無作為（通常はルートにしたがった系統抽出）に抽出、世帯調査ならその世帯を対象とするが、個人ならその世帯内の個人を対象とする。この個人の選び方はいろいろある。このような対象の選び方を通常**エリア・サンプリング**またはマップ・サンプリングという。大手調査機関は大規模な調査をエリア・サンプリングで行ない、対象世帯の構成員をあらかじめ調べておき、そのリストから個々の調査の対象者を選ぶということもする。用意してあるリストを**マスター・サンプル**という。便利ではあるが二度調査をするわけであるから、合計した回収率は低くなる。

マーケティング・リサーチの場合は、調べたい対象がしぼられることが多いので、日本人全体を母集団として、その母集団と同じになるような対象を選ぶということは少ない。そもそも母集団という考えを持つとは限らないのである。マーケティング・リサーチの対象の選び方の一つとして**「街頭リクルート」**と呼ばれている対象者の選び方がある。街頭でアンケートに答えてもらうとか、街頭で接触し商品テストなどに協力してもらう。「標本収集・機縁法」である。この場合、誰でもいいということではなく、しぼり込みたい人たちの多いところで、そのような人たちだけに接触する。その意味では標本選定の「典型法」に近い。広告宣伝やインターネットで呼びかけるなどの「応募法」で対象者を集めるということも、その集め方を工夫すればしぼり込みたい人たちを集める有効な方法となり、利用もされている。

このような現状をみて、私は統計調査は「魚群探知型調査」と「漁業資源調査型調査」に分けられると思っている（「社会調査の生存」『八事』一八号、中京大学）。この二つでは調査対象の選定は根本的に異なる。**魚群探知型調査**とは、流行の最先端を行く若者とか、ブランドものを買う若い女性とか、マーケティング上重視する人たちがとらえやすいところを見つけ、そこで調査の対象者を確保しようとするような調査である。漁師が獲りたい魚群を探すような調査である。それに対して**漁業資源調査型調査**は、国勢調査で人口を調べるといったように、ともかくすべてのものを調べあげようという調査である。ある湖の生物実態を調べる研究のような調査である。そして、学術的な調査であれ実務的な調査であれ、魚群探知型調査の方が多いであろう。魚群探知型調査のための手法と理論が磨かれねばならない。漁業資源調査型調査では、サンプリング理論は重要だが、現状では国勢調査区→世帯→個人というプロセスで選ばれる個人のデータを取り扱う理論が求められている。また、漁業資源調査型調査は頭数え調査であることもある。その技術・理論も求められている。

5　調査の過程と対象選定

社会調査の作業の進行を大ざっぱに示せば、「企画」「準備」「収集」「整理」「分析」という順序で行なわれる。「準備」のなかには標本抽出（サンプリング）が含まれる。「収集」は実査（フィールドワーク）のことである（図表17-2）。標準的な統計調査の作業（手順）を列挙すれば図表17-3のようになる。「手順」の三〇項目はそれぞれ「過程」の五つのどれかに当たる。自分でやってみてもらいたい。

これらを見ると、調査対象の選定（通常の本ではサンプリング）という作業はデータの収集（実査と称する本が多い）の前に行なわれる作業となっている。これまではそれが常識であった。だが、RDDと称する方法で対象を選ぶ電話調査では、対象を選ぶという作業はデータ収集（実査）の作業のなかに含まれて行なわれる。エリア・サンプリングで対象を選ぶ調査では、調査地点までは事

図表 17－2　社会調査の過程

図表 17－3　社会調査の手順

1. 問題の設定
2. スタッフの編成
3. 問題の明確化
4. 既存資料の収集・分析
5. 既存調査の収集・分析
6. 調査対象の予備的観察
7. 調査概要の決定
8. 関係部門への接触
9. 予算の裏付確認
10. 質問項目案作成
11. 理論仮説・作業仮説の構成
12. 調査票案作成
13. 調査員の手配
14. プリテスト
15. 集計・分析計画作成
16. 調査対象者リスト作成（サンプリング）
17. 調査票・リスト等の印刷
18. 謝礼品の手配
19. 本部設置
20. あいさつ状発送
21. インストラクション
22. 実査（フィールドワーク）
23. 調査票の回収（エディティング）
24. お礼状発送
25. コーディング
26. 集計
27. 分析・解釈
28. 報告書作成
29. 発表・活用
30. 統括

社会調査の始まりから終わりまでは、大きく数種に分ける場合と、細かな作業に分ける場合とがある。前者は汎用性が高く、一般に「過程」と呼ばれ4～5に分けられる。後者の場合は「手順」といわれ10数項のものもあれば、100項目ぐらいのものもある。上のものはその中間である。「過程」にしても「手順」にしても、入門書では質問紙面接法の標準的な調査を前提にしているので注意する必要がある。

図表17-2は5つに分けているが、調査における思考のレベルとして「企画」と「分析」、実証的なデータを収集する経験レベルとして「収集」を設けるよう工夫してある。

図表17-3の30項目は「過程」の5つのどれかに位置づけられるが、順番通りということではない。

前に選定されるが、世帯の選定、その世帯からの個人の選定はデータの収集（実査）の作業のなかで行なわれる。また街頭アンケートなどもそれに近いケースである。

ここで「頭数え調査」をあらためて説明しておきたい。統計調査の場合は通常は何らかの形で対象が選定され、それを（あるいはそのなかから選んで）調査する。だが、いるかいないかわからない状態で調査をするということがある。国が行なう人口センサスもそうである。地区を分け、地区のなかの人間をくまなく調べ、何人いるか数字を出す。ホームレスが何人いるかもわからない。だから調べるのである。このような調査が**「頭数え調査」**である。これもデータ収集と同時に対象が選定される。この地域にいる人たちということでは即在選定、そして対象の選定はデータ収集（実査）の過程のなかで行なわれる。社会調査にはこのような調査もある。この場合の標本誤差はどれだけ正確に数えられたかで、確率論的に論じられるものではないということを付言しておく。

これまでは、**調査対象の選定**は「企画」と「収集」の間の「準備」に入る独立した作業として論じられてきたが、①事前選定（準備）、②同時選定（収集）、の二つに分けて論じられるべきであろう。最近は同時選定が増えつつある。なお、実際には少ないが、調査をした後で分析に使用するものを選び出すという③事後選定（整理）もある。

6　調査対象と質問対象

統計調査に限った話とする。

統計調査の対象は調査単位の集合（群）である。**調査単位**とは「一つの調査票が対応させられるところの単位」である。それは「個人」であったり、「世帯」であったり、「事業所」であったりする。

ここで問題にしたいのは、誰が回答するか、ということである。調査単位が個人の場合ならいいが、世帯や事業所は、それ自身は回答者になりえないから、そのなかの誰かが回答者となる。このことは重要で、どの入門書でも書かれていることである。しかし調査単位が個人なら回答者は本人かというと必ずしもそうではない。幼児の調査では母親となるのが普通である。部分的にではあるが、調査票のなかで他の家族のことを質問することがある。これも厳密にいえば調査対象と回答者の異なる例といえよう。

ここで私が踏み込んで言いたいのは、調査が質問で行なわれる場合は「回答者」（質問対象）というものが必ず存在していると考えるべきだ、ということである。個人の場合はかんたんに本人とせず**調査対象の本人**と、**回答者としての本人**と、二人の人間とみるのである。「質問で得られるデータを回答者を通じて得た対象者についてのデータ」とすることは、調査についての研究を深めていく上で、重要なことだと私は思っている。

7　サンプルの代表性

調査対象を選定するということでは、これまでは母集団から標本を無作為抽出（ランダム・サンプリング）で選ぶのが望ましいとし、入門書ではその場合の誤差について詳しく説明している。私はそのことに少々異論を持っている。第一は、調査対象の選定は課題・状況に合わせて知恵をしぼることこそ大切なのに、無作為抽出が望ましいと最初から決めつけ、そうした努力を軽視していること、第二は、回収率が一〇〇パーセントということはまずありえないのに、一〇〇パーセントのときの誤差を厳密に論じることによって、回収率が低いことによる誤差から目をそらしていること、第三は、**サンプリング誤差**以外にも多くの誤差があるのに、サンプリング誤差だけを強調してバランスを欠き、その調査結果全体をみれば正確でないものを、その一部の正確さだけにこだわっていることである。あえて第四の弊害についていえば、数学をふりかざすことで調査嫌いの学生をつくっていることである。

調査をしたい対象（母集団）でもなく、調査しようとした対象（標本）でもなく、実際に調査できた対象（**有効サンプル**）から何が言えるか、その有効サンプルの代表性を考えるべきである。そのことは小さなことではない。**サンプルの代表性**は対象の選定の仕方、データ収集の仕方を考慮して総合的に考えられることが大切である。

厳しい現状からいうと、そうしたことを熟慮しても、有効サンプルの代表性がわからないことが多い。その場合、社会の実態と有効サンプルとを比較して、代表性がありそうかなさそうかを推測をすることが大切である。ズレが推測できれば、集計段階でウェイトをつけて修正するという方法をとることができる。一回一回の調査が社会の実情をとらえているという保証はない。だから、基準となる「正確な国勢調査」のような頼りになる社会調査は非常に大切なのである。

サンプリング誤差という考えよりも、サンプルの代表性という問題の立て方の方がよいのではないかと思うもう一つの理由は、学術的な調査のように調査の結果から理論を導き出し、それを時空を超えた人間社会に当てはめるとき、それはどの程度可能なのかをも考えることになるからである。

8　サンプリング誤差

サンプリング誤差とは、母集団から標本を無作為抽出（ランダム・サンプリング）した場合に標本を調べた調査結果と母集団が持つ真の値との差を意味する。それを推定する数式が考えられている。このサンプリング誤差を重視しすぎることには反対だとは述べたが、学ぶことには意味があるので簡単に触れておく。

サンプリング誤差は、二種類の玉（ここでは赤と白とする）が多数入った袋の中から玉をいくつか取り出し、二種の玉の比率を見て袋の中にあった二種の玉の比率を推測することで説明される。取り出した玉の比が袋の中の比であることは滅多にないから、その値にプラス、マイナスをつけ、その幅のなかに袋の中の比（真の値）はあるとする。そのプラス、マイナスの値を**信頼幅**という。この信頼幅は袋の中にあった玉の数、取り出した玉の数、袋の中の二種の玉の比で計算される。玉をいくつ取り出すにしろ、全部白とか全部赤ということが絶対に起こらないということはない。そう考えると、信頼幅をどれだけ大きくしてもはずれることがある。そこで通常は九五パーセント当たればいいという幅にする。説明は省くが三つの要素でどれぐらいの誤差があるか早見表を掲載しておく（図表17－4）。

サンプリング誤差について学ぶことにはどのような意義があるか。第一は、**調査には誤差がある**ということを知る、第二は、一〇〇パーセント回収としても二〇〇〇サンプルで二パーセントのサンプリング誤差が大きく見れば推定されるなど、**誤差についての感覚**を磨ける、第三は、起こる確率は非常に小さいが**極端な誤差**が起きることもありえるということを知る、などである。

調査を仕事に使っている人たちには、同じような調査で二回同じような結果が出たら信ぜよ、という人が多い。経験則であるが、サンプリング誤差が意味しているところと一致している。サンプリング誤差の計算式を学ぶことに意味がないとは言わないが、調査データはどの程度信頼してよいかという現場感覚的なものをもっと重視すべきである。

サンプリングの誤差を推定する数式は数学者によるものであって、社会調査者によるものではない。「サンプリング」という考え方は社会調査以外で広くみられることで、社会調査はそのごく一部の、しかも特殊な分野なのである。サンプリング理論の社会調査への応用は、ランダム・サンプリングの誤差の推定よりは、調査することができた標本から母集団を推定する技術に応用されるべきである、ということを強調しておきたい。また、誤解のないように付け加えておきたいのは、サンプリングの理論は工場の製品検査とか、自然観察だとか、社会統計を作成する上での推定だとか、広範囲な分野で役立っていることである。何を何にどのように使うかが重要なのであって、回収率があまり高く期待できない統計調査では応用の仕方を再考すべきであろうということを言いたいのである。

図表17－4　サンプリング誤差早見表

Nは調べたい対象（母集団）、nは調査するサンプル（標本）。Pは調査結果。上段は調査結果（P）が10％（90％）、中断は30％（70％）、下段は50％の場合。

信頼度は95％。信頼幅の計算式は　$2\sqrt{\frac{N-n}{N-1}\ \frac{P(100-P)}{n}}$

N ＼ n	100	200	300	500	1000	2000	3000	5000	1万	2万
	5.4	3.3	2.2	—						
500	**8.2**	**5.0**	**3.4**	—						
	9.0	5.5	3.7	—						
	5.7	3.8	2.9	1.9	—					
1000	**8.7**	**5.8**	**4.4**	**2.9**	—					
	9.5	6.3	4.8	3.2	—					
	5.9	4.2	3.4	2.6	1.7	1.1	0.7	—		
5000	**9.1**	**6.4**	**5.1**	**3.9**	**2.7**	**1.6**	**1.1**	—		
	9.9	7.0	5.6	4.3	2.9	1.8	1.1	—		
	6.0	4.2	3.4	2.6	1.8	1.2	1.0	0.6	—	
1万	**9.2**	**6.4**	**5.2**	**4.0**	**2.7**	**1.8**	**1.5**	**0.9**	—	
	10.0	7.0	5.7	4.4	3.0	2.0	1.6	1.0	—	
	6.0	4.3	3.5	2.7	1.9	1.3	1.1	0.8	0.6	0.4
10万	**9.2**	**6.5**	**5.3**	**4.1**	**2.9**	**2.0**	**1.6**	**1.3**	**0.9**	**0.6**
	10.0	7.1	5.8	4.5	3.2	2.2	1.8	1.4	1.0	0.7
	6.0	4.3	3.5	2.7	1.9	1.4	1.1	0.9	0.6	0.4
100万	**9.2**	**6.5**	**5.3**	**4.1**	**2.9**	**2.1**	**1.7**	**1.4**	**0.9**	**0.6**
	10.0	7.1	5.8	4.5	3.2	2.3	1.9	1.5	1.0	0.7
	6.0	4.3	3.5	2.7	1.9	1.4	1.1	0.9	0.6	0.4
∞	**9.2**	**6.5**	**5.3**	**4.1**	**2.9**	**2.1**	**1.7**	**1.4**	**0.9**	**0.6**
	10.0	7.1	5.8	4.5	3.2	2.3	1.9	1.5	1.0	0.7

『世論調査で社会が読めるか』より

18章　データ収集の技法

社会調査という作業がどのように進められるかは前章で簡単に触れたが、この章で述べる**「データ収集」**は社会調査の中心をなすといってもよいであろう。統計調査では通常は**「実査」**という専門用語が当てられている。類似のものに**フィールドワーク**という言葉があり、とにかく現場に出て調査をするという意味に広く使われている。文化人類学、考古学、地質学などでも使われる。この本では、統計調査の実査という作業のイメージを幅広いものとして表現するということで「データ収集」という用語を使用することにした。

かつて社会調査の入門書では、社会調査の定義は「……現地で直接（ファースト・ハンド）に観察し記述する……」とあった。頭の中で思考するということではなく（形而上学的にではなく）、事実にもとづく（実証的に）ということを強調している。社会調査が事実にもとづくデータを取り扱うということを強調することに異論はないが、データを収集するという作業を抽象的にあるいは感覚的にではなく具体的に冷静に考えてみる必要があろうというのが私の考えである。

1　データ収集の方法

データ収集の方法は、大きく分けると観察と質問である。これは、統計調査のデータ収集だけでなく、事例調査や文化人類学のフィールドワークにも当てはまる。「観察」と「質問」では全く性質が異なるので、これを一つにくくってしまってファースト・ハンドにデータを得る、とせずに、常に区別して考えることが大切であろう。

もう一つの重要な区分は、観察にしても質問にしても「定型か自由か」ということである。これについても、用語は「構造化・非構造化」などいろいろあるが、どの言い方でもなんとなく想像のつくものである。**「定型」**とは質問文とか観察の仕方、内容があらかじめ決まっていて調査票の形になっているもの、**「自由」**とはその場で臨機応変に行なうものである。大ざっぱな質問項目だけで、あとは白紙の記入用紙であったり、ノートだったりする。特例としては質問文があって回答は自由というのがあるが、定型調査のなかで行なわれればこれは定型と考えてよかろう。

以上の区別から、データ収集の方法は大きく四つに分けられる（図表18‐1）。これらの四つはそれぞれ別個のものと考えるべきであるが、社会調査は「質問・定型」の**統計調査**だけではないということを想い起こすためにこの図を示しておく。

社会調査の方法を広く示せば図表18‐2のとおりである。一般的にこの図のように整理されている。大きく**統計調査**と**非統計調査**に分けているが、実験をあまり考慮に入れず統計調査と**事例調査**

図表 18-1　データ収集の方法

	観　察	質　問
定型	目視による 交通量調査など	質問紙による 世論調査など
自由	参与観察による フィールドワーク	聴き取り法による 生活史調査

図表 18-2　社会調査の方法

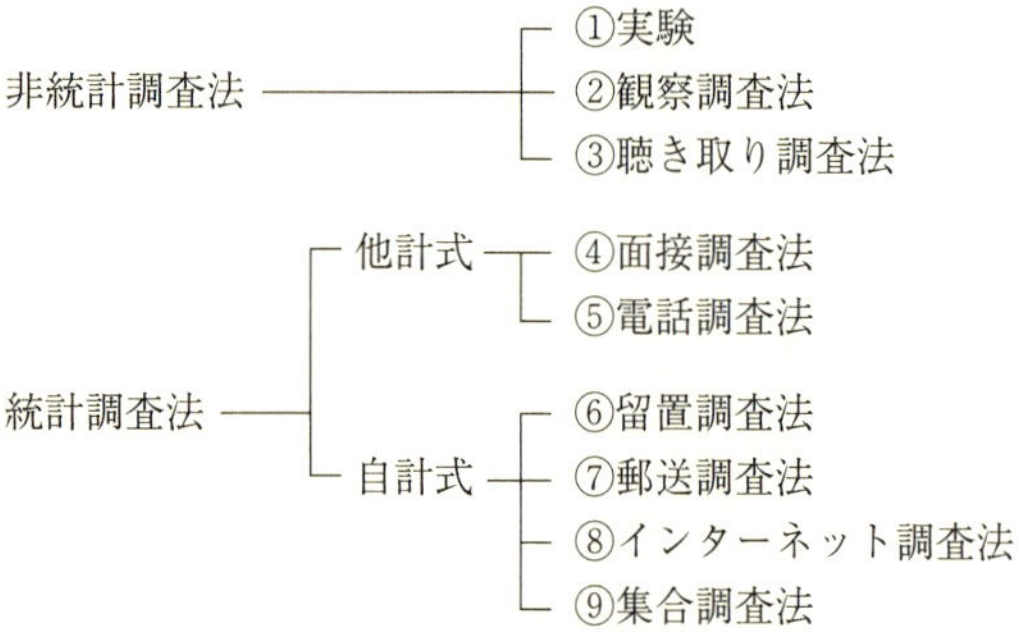

社会調査はⅡ部でみたようにそれぞれが個性的である。実際の調査でも最も適した方法が工夫される。どのような方法があるかをパターン化して整理したのが図表18-1、図表18-2であるが、このどれかのなかから選ばれるとは限らない。留置調査の一部に面接調査が取り入れられたり、留置調査で回収は郵便でということもある。

と二分することもある。ここでは調査方法ということですべてを列挙しているが、統計調査に対比させるには事例調査という方がよい。「他計式」「自計式」についても触れておく。「調査員」すなわち対象者本人でない他人が調査票に記入するのを**他計式**、調査対象者本人が調査票に記入するのを**自計式**という。これによって調査票のつくり方が大きく変わる。

調査方法のなかの統計調査の主なものの長所短所を一表にまとめたのが図表18-3である。

ここで私が強く主張したいのは、どのデータ収集方法にも長所短所があるので、それをよく考えて方法を選べというようなことではなく、ある種の調査とその調査でのデータの収集法とは不可分になっている場合が多いということである。入門書でも、どの調査にはどの方法を使えといったことを明確に書くべきであろう。

2　質問紙面接法と質問紙留置法

統計調査のデータ収集の方法の代表的なものである質問紙面接法と質問紙留置法《とめおきほう》について説明する。

統計調査のデータ収集の方法の基本は「**面接法**」である。この方法はなんとなくはわかるが、正確に理解している人は少ない。街頭で画板に調査票をはさんで調査している光景をよく見かける。この調査方法は質問紙面接法であろうか。厳しくいえばノーである。**質問紙面接法**とは、調査員が対象者と向かい合い、調査票は見えない状態で質問を順次読み上げ、回答を調査員が記入していく方法である。回答を用意したものから選んでもらう場合は、用意された回答を読み上げるか、別紙

図表18－3　統計調査法の長所・短所

	面接法	留置法	電話法	郵送法
回収率	○	◎	△	×
標本の偏り	○	○	△	×
本人確認	◎	△	○	△
意識調査にも適す	○	×	○	×
質問の量	○	◎	×	△
回答の精度	◎	△	△	△
結果が短時間で得られる	○	△	◎	×
費用が少なくて済む	△	△	○	◎
広域の調査が容易	△	△	○	◎

統計調査の代表的な調査法の長所・短所を表にした。入門書には同様の表をかかげているものもあるが、比較するとあまり一致していない。人によって見方は異なることを指摘しておく。

それぞれの調査法はその方法でなければできないといった特徴があるが、表では示しにくいので以下に記しておく。

面接法　商品名を知っているかを調べるような知名度調査は面接法か電話法のような他計式の調査でないとできない。

留置法　あらゆる質問をしてコンピュータにデータベースで保存するデータバンクといわれるような調査は、質問の量が多いので、留置法でないとできない。また毎日記入してもらう日記式調査も留置法である。

電話法　今何をしていますか、といった質問をする調査を「同時法」というが、電話で行なわれる。

郵送法　回答を無記入の封筒に入れ、それをさらに返信用封筒に入れて送る方法で遠隔地で匿名性のある調査ができる。

に用意したもの（リスト）を見せて答えてもらう。調査票そのものは対象者に見せないというのが原則である。**街頭アンケート**の場合は、基本は面接法でありながら事実上調査票を見せている場合が多いので、厳しくいえば面接法ではないのである。ならば、街頭アンケートでは相手に調査票が絶対に見えないようにすべきなのであろうか。そうではない。一つの調査票を調査員と対象者が一緒に見るということは調査への協力を高め、調査の進行を早める。そういう長所も考えるべきである。面接法は調査員が質問を読み上げるということで、その読み上げ方、たとえば強弱をつける（ただしあまりつけ過ぎてはいけない）、間の取り方、ときには合いの手をうつ（これもやり過ぎてはいけない）ことによって、調査をスムースに行なう。こういうことができなければ質問紙面接法のよさは現われない。微妙な意見を聞きだすとか、無回答を少なくするとか、答えにくい質問に間違いのないように答えさせるということが重要である。また高い技術は必要としないが質問の順番などを指示どおりにするということも面接法の大きな長所である。

「留置法」では調査票を対象者に渡し、対象者が自分で質問を読み回答してもらう。本人に必ずしも会わなくても、家族の誰かにことづけて本人に渡してもらうことができる。本人は自分の都合のよいときに記入すればよい。回収も必ずしも本人に会わなくてもよい。留置法の場合は、質問の過程で調査員の技術の発揮ということはない。その分、微妙なニュアンスがとらえられないとか、無回答が多くなるという欠点はある。それに、対象者が質問を一問一問厳密に追ってくれる保証はない。これも大きな欠点である。さらに、本人が記入したという保証もない。だが、留置法の長所も多い。第一は、目で見て書くということの、話し言葉と比べての効率のよさである。速さが二倍や三倍というようなものではない。そのため、話し言葉の面接法に比べて、調査内容を多くすることが可能である。面接法の場合の実質的に一〇倍を超えるような質問量になることもある。留置法の第二の特色は、聞きにくい質問も抵抗感を少なくできるということである。封入して回収すれば、さらにその特色が発揮できる。面接法と対比して大きな特色である。この良さは**郵送法**にも通じる。留置法の第三の特色は、調査票を預けておき、何かあるたびに、その都度記入してもらうという**「日記式」**が可能なことである。視聴率調査や家計調査は、そのために留置法で行なわれている。くどいようだが、これを面接法で行なうことはできない。もしやれば、記憶を遡って回答してもらうので、正確なあるいは詳細な回答を得ることができない。

3　観察と質問

データ収集の方法は観察と質問とに大きく二つに分けられるということはすでに述べたが、この二つの根本的な違いについて述べたい。

まず**「観察」**であるが、観察で得たデータは**観察者**（調査を実施している人）にとっては一次的なデータである。しかも、それはまぎれもなく一次的なデータである。そこでこれを「直接的一次データ」と呼ぶことにしたい。現地で直接的に得た生のデータということではまさに社会調査の神髄である。だが一方、観察ということにはかなりの制約があるという点に留意する必要がある。一つは観察者の見られる範囲しか見られないということである。誰でもがどこへでも入って行けるわけではない。時間的、空間的な制約、さらには社会的な制約がある。もう一つの制約は、人の内面は観察できないことである。笑っているからとか、泣いているからといって、それが特定の心の状態と必ず一致しているという保証はない。人間はしばしば逆の行動をとる。だから、観察した事実を忠実にとらえるべきで、安易な解釈は避けなければならない。この点がテーマによっては観察の弱点となる。また観察とは、観察者が観察をすることであるから、そこには観察者という人間的要素が入り込む。交通量調査のような場合にはそれはゼロに近いが、ある部族の習俗を観察するといった場合には観察者の見方によって結果も違ってくることになる。このことが、観察が統計調査では評価されない原因でもあるかもしれない。そうしたことを良い悪いと論じても意味がない。社会調査のデータ収集は一定の制約の下でしか行なえないということを前提に、どういう制約があり、どう調査すべきか、どう解釈すべきかを考えるしかないのである。

観察が用いられるかどうかは、テーマが向いているかどうかによる。視聴率調査のオーディオ・メーターのように、機械道具を使った**測定**ということが今は当たり前になっている。測定ということが社会調査の範疇に入るかどうかという問題もあるかもしれないが、バーコードとその読み取りの発達普及、ICタグの普及はそうした分野を急速に広げるであろう。測定という分野も含めれば、観察という手法は重要になってきていると言える。

「質問」ということを考えてみよう。本人に質問するわけであるから、観察と違って内面のことも聞けるし、本人について聞くのであるから時間的・空間的制約も超えることが可能である。統計調査のデータの収集法の主役が質問であるのはそのためである。社会調査の理想的、あるいは標準的なものが質問紙面接法の調査であるというのもそのためである。

だが私は、質問というデータ収集法には大いなる弱点があるということを指摘したい。Ⅱ部12章でも述べたように『世論調査』で西平重喜は、選挙の後で投票に行ったかどうか調査し、それを選挙管理委員会のデータと照合して「一五パーセントの人はウソをつく」ということを述べている。回答者の一五パーセントは**ウソをつく**という指摘は私には衝撃であったが、この事実は否定されるどころかその後のさまざまな研究でも立証され、「一五パーセントの人はウソをつく」ということが定説となってきている。救いは、ウソのつき方にはバラツキがあるので統計処理された平均値などへの影響は少ないということである。だが、この点も安易に鵜呑みにするわけにはいかない。ウソのつき方に一定の方向性があることは、これまたいろいろな実験調査で明らかになっている。「選挙に行ったか」という質問では、わずかではあっても「行った」と答えた数が実際に「行った」数より多いし、「行くか」というこれから先のことへの質問では、答えは実際の投票率よりも必ず高いという傾向がある。

ここで思い出してもらいたいのは、**「回答者」**という考え方である。調査票と対応させられる調査単位は本人だが、得られるデータは本人のものそのものではなく、あくまでも回答者（個人調査の場合はほとんどが本人）を通じて得られたものなのである。質問で得たデータは質問者にとっては一次データであるが、私は**「間接的一次データ」**と呼ぶことにしたい。質問で得るデータは時間的・空間的制約を超え、また人間の内面のデータも得られるが、それは回答者を通して得たものなのである。調査する者にとっては本人がこう言ったのだからとファースト・ハンドに得た生のデータに見えるが、事実と得たデータとの間には回答者という人間的要素が介在していることを忘れてはならない。なお、さらに付け加えておきたいことは、母親が子供のことを回答するといったように回答者と対象者とが異なることがある。通常の調査でも友達のことを質問したり世間の人たちについて質問している場合がある。その場合の解釈は厳密にすべきであろう。

このような考え方は、一見社会調査を否定しているような印象を与えるかもしれないが、私の真意はそうではない。データ収集に介在する回答者の存在を常に設定することで、回答者の性質やメカニズムを解明し、より真実に近づく方法として社会調査を磨き上げようということである。

4 調査にかかわる人たち

たった一人で行なう社会調査が皆無だとはいわないが、社会調査には多数の人がかかわり、組織だって行なわれる。社会調査のなかでも統計調査は、例外なく組織だって行なわれるといってよいであろう。どのような人がかかわるかをわかりやすい図にしたのはアコッフである（図表18 - 4）。

調査主体（調査の依頼者）、調査機関、調査員、調査の対象と四種類の人が関係する。

対象者の回答が必ずしも信頼できない、ウソをつくこともある、ということは前節で述べたが、

図表18－4　アコッフの調査関係者の図

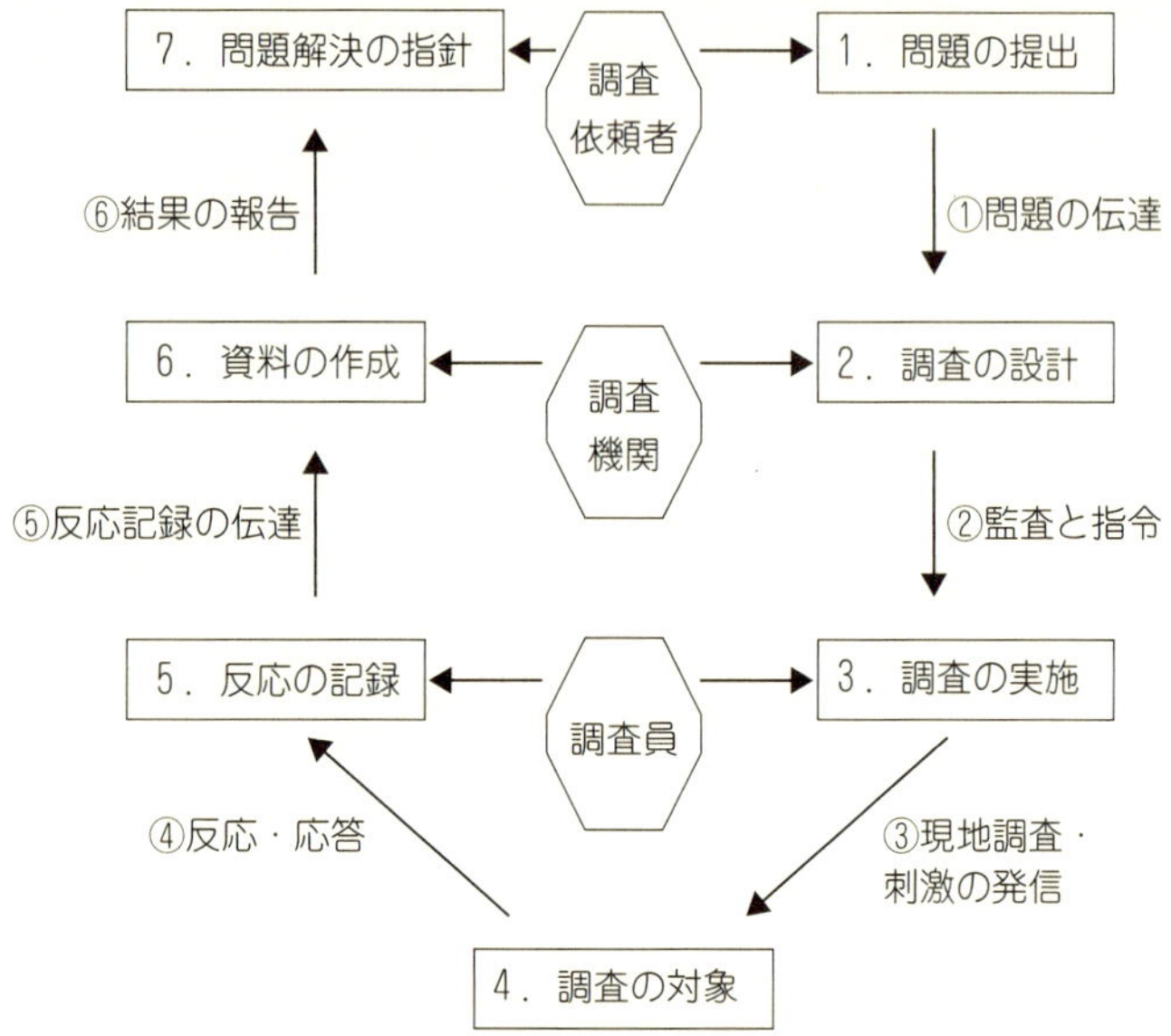

（川又昇『社会調査』前野書店による）

アコッフの図はマーケティング・リサーチのように、社会調査を必要としている人が調査を専門とする調査機関（調査会社）に依託することを前提につくられている。学者が行なう研究調査や日本のマスコミが行なう世論調査は調査機関を使わず自分で実施することが多い。

調査の対象に調査を責任もって行なっている実施者として示されるのが、「調査主体」である。政府やマスコミの調査では調査機関に依頼しても依頼者が調査主体となることが多いが、民間企業のマーケティング・リサーチでは調査への影響を考えて自社名を出さず、調査機関が調査主体となることが多い。

この図の意義は、統計調査はさまざまの人がかかわる壮大な活動であるということが、わかりやすく俯瞰できることである。

対象者の人間的な要素が回答に歪みを生じることはいろいろと指摘されてきている。質問のされ方によって影響されるということが多いが、それだけでなく、ホンネでなくタテマエで回答するとか、調査結果がこういう結果をもたらしてほしいという心理が働くとか、ミエをはる回答があるといったようなことが指摘されてきている。

調査主体が誰かということが調査結果に影響を与えることもある。調査主体そのものの影響と、調査主体と対象者との関係が影響を与える場合とがあろう。世論調査の場合には権威のある機関が調査主体であることが望ましいので、依頼する政府やマスコミがなる。マーケティング・リサーチの場合は自社名を出さず、調査機関名で行なうことが大切である。

調査員の影響についてはいろいろな実験がある。調査員の考え方によって調査結果に影響があるという報告はいくつもある。だが、どのような場合にどの程度の影響があるのかを解明するほどには研究は積み重ねられていない。また、そのメカニズムもまだ明確ではない。私は、調査員の考えよりも、調査員がどのような人間であるかということの方が影響が大きいと思う。アメリカでは第二次大戦中に、日本に敗れた場合に人種政策がどうなるかという予想の調査で、白人調査員と黒人調査員では結果が異なったという例がある(ダレル・ハフ『統計でウソをつく法』)。男女のあり方についての調査の結果は、男性調査員と女性調査員で結果が異なるかもしれない。調査はつきつめれば**「対話」**なのである。相手によって話し方が異なるということは避けて通れない問題である。私は「社会調査は対話である」と受け止め、常にコミュニケーションの理論で考えるようにしている。

最後に、調査の回答者に見られる**イエス・テンデンシー**について触れておく。回答者は「ノー」と答えるよりも「イエス」と答える傾向があるというものである。一例を上げる。「夏期休暇を過ごすとすれば山より海の方がよいですか」で「イエス」（すなわち海）が四四パーセントであった。それを「夏期休暇を過ごすとすれば海より山の方がよいですか」とすると「イエス」（すなわち山）は六一パーセント、「ノー」（すなわち海）は三九パーセントであった。「イエス」と回答する方が多くなっている。このイエス・テンデンシーという傾向は広く指摘されている。

調査は人間と人間が行なっている対話である、というのが私の考えである。だから、生身の人間のことばとしていつも理解すべきである。イエス・テンデンシーが見られるということはそのことを示唆していると受け止め、それをどう解釈の段階で解決するかを考えるべきである。

5 データ収集と時間の問題

「観察」は調査する人間が観察しているから、「いつ見たか」という観察の時期・時間が適切かどうかということ以外は「時間」の問題はあまりない。だが、見たときのことしかわからないから、その点の不自由さはある。

「質問」の場合は質問して相手が答えてくれればいいわけであるから、観察のように時間の制約を受けない。「子供の頃は何になりたいと思っていましたか」とか「一〇年前の生活は今と比べてどうでしたか」とか「きのうの夕食はどこで何を食べましたか」と自在である。観察と違って質問は時・空を超えて自由に調査できる。だが、そのことは、調査が本来ありたいと思っている「事実をとらえる」ということを稀薄にしてしまう危険もはらむ。

ここで、社会調査の質問によるデータ収集で**時間の問題**がどうからんでいるかを整理しておく。

第一は、固定した状態を調査する。物の所有状況とか、持っている資格とか、経歴などである。これらは、調査した時点で回答されたものは事実そのものと考えられる。

第二は、変化するもの、例えば意見のようなものが調査時点ではどうかを調査するもの。これも同様に事実そのものである。だが、この場合は変化するものを一時点でとらえているわけであるから、「いつのデータか」ということが重要になる。調査時期によって結果は異なる。

第三は、習慣を訊くものである。「朝は何を食べますか」とか「週末はいつもどのように過ごしますか」といった質問である。習慣が固定したものであれば第一に近いが、それほど固定していなければ事実に近いが事実そのものとはいえない。

第四は、記憶によって過去のことを訊く場合である。過去の明確な事実であればかなり事実に近いといえるが、あいまいなものは正確とはいえない。調査で気をつけなければならないことは、記憶で調査しながらそれを吟味せず事実としてしまうことである。

第五は、過去の一定期間のことを調べる場合である。テレビの視聴とか、家計支出などである。日記式の留置法とか機械による測定など特定の手法が必要である。

第六は、今後のことを訊く。本人がこう言ったからとそれを信じるわけにはいかない。マーケテイング・リサーチでは購入予測の場合に購入するかどうか質問するが、その結果に係数をかけて修正するというのが一般的である。データの修正ということの重要性がこの場合は指摘できる。**調査データ至上主義**では予測を誤ることは間違いない。

6　調査員判定

統計調査は、正確に事実をとらえようという姿勢を貫くために、自分自身を窮屈にしてきたのではないだろうか。すなわち、調査員は指示どおりに、調査票を読み上げ、回答をそのまま記録してくる。調査票が主役であって、調査員は歌舞伎の黒子のように、存在しているのだが存在していないかのようにふるまうのが理想とされてきた。

「定型・質問」の統計調査では、それは原則としては正しい。しかし、調査の現場を数多く踏んだ人間であれば、そのような考えは持たないのではないか。データを吸い上げ、単純な数字とするには、調査票が主役というのは便利ではあるが、調査員が現場で対象者と交わす内容、感じ取る内容は実にさまざまだし、また内容は豊かであり、意味もある。現場を知っているのは調査票ではなく調査員なのである。

統計調査に調査員を登場させる常套手段としては、**調査員判定**の質問項目を設けることである。生活程度などを設けることもあるが、多いのは調査への協力度の判定である。どちらにせよ、有効に利用されることはまずない。

実査の管理上、調査ができない場合、記録することはするが（例えば留守とか拒否とか）、それ以上のことは記録しない。その場合は、住居形態などの調査員判定とを行なって、不能の実態分析をすることが今後の課題ではないか。

私は、調査員に感想・報告を書かせるのがよいと思う。そして、分析に携わるスタッフはそれを熟読することである。もう一つは、例え一票でも二票でも設計・分析のスタッフが調査員にもなってみることである。例え一票でも自分が調査員になってみると、企画や分析の世界とは全く違う世界が現場にはあることが実感できよう。その現場こそが常に社会調査の原点なのである。かつて、私もメンバーの一人であった現代社会研究会は、企画・実査・分析を同じ人間が行なう三位一体の調査ということを提唱したことがあるが、その考えは今も変わらない（「調査における参加の意義」、鈴木春男『マーケティング・リサーチャー』三五号）。

7　機械を使った調査

従来、質問紙を用いた「面接法」か「留置法」が統計調査の代表的な調査方法であったが、最近は少々様相が変わってきた。マーケティング・リサーチでは**「電話法」「郵送法」**が現実にはかなり多いことに加え、マスコミの世論調査も面接法から電話法に変わりつつある。最近はインターネットを使った調査が急速に伸びている。この傾向はさらに進むであろう。

質問紙面接法を理想とする立場に立てば、こうした新しい手法の拡大は憂慮される事態であろう。

私も手放しでは喜べないと思っているが、新しい手法が不可能だった調査を可能にしている事実にも注目すべきである。**新しい調査手法**をどう受け止めるかを考えるには統計調査の歴史を学ぶことがよいのではないか。

インターネットを使った調査でも**「プッシュ」**(こちらからメールで送る)と**「プル」**(ホームページで呼びかけ応募してもらう)とがある。「プル」の場合は応募法であって、世論調査、ましてや選挙予想調査には使えない。たまたま結果が当たったとしても今後も当たる保証はない。「プッシュ」の場合はモニター調査である。データは意味があるが、回答してくれた人たちがどのような人たちかを意識する必要がある。Ⅱ部5章のアメリカの選挙予想調査でギャラップの提唱した公衆反応調査を紹介したが、インターネットによる調査は世論調査よりも公衆反応調査の性格を帯びる。新しい調査手法の出現は古いものに取って代わるというのではなく、新しい手法が一つ加わったと受け止めてうまく使うべきである。

古くから使われてきた「電話法」も今はパソコンと合わせて使う方法に変わっている。そのための装置が要るが、調査結果をすばやく出せるという点でパソコンは威力を発揮する。視聴率調査には機械が応用されている。昔は留置法であったブランド・リサーチもホーム・スキャンという機械の使用で銘柄の多様化に対応している。新しい手法は新しい課題のために工夫して使われるべきである。今はマーケティング・リサーチの特定の分野では、「社会調査は装置産業化している」という状況になっている。それも現実である。

19章　調査票作成の技法

社会の調査の方法は多様である。調査はこのように行なわれるときめつけることはできないが、統計調査に限るとあるイメージが浮かんでくる。そのイメージのなかの一つに**「調査票」**（質問紙）がある。**調査単位**を「一つの調査票と対応させられる……」とⅢ部17章6「調査対象と質問対象」で説明したが、調査票は「一つの調査単位から得るデータをセットの形で記録する……」ものである。調査単位ごとに定形のデータがセットであることが、統計調査の命といってもよいのではないか。なぜなら、それがあるから単なる統計数値としてだけでなく、高度な分析や要素間の関係の究明ができるからである。その重要な調査票はどのようなものか、どのようにつくるべきか、基礎的な説明をする。調査票に盛り込まれる質問と回答（選択肢）のあり方がいかに調査の結果に影響を与えるかというのも重要な問題であるが、それは『世論調査で社会が読めるか』で詳しく述べてある。この章では、調査する内容はどのように考えればよいか、調査票全体の構成はどうあるべきか、また調査手法との関係はどうか、を中心に述べる。

1　問題意識・理論仮説・作業仮説

社会調査が行なわれる場合には、なぜその調査をするのかということが必ずある。一般的な用語でいえば、調査の目的ということになるが、その調査をやろうと思い立った背景なども含めて**「問題意識」**と呼ぶのが普通である。問題意識のない「調査のための調査」はよくないということになっている。

社会調査を行なう場合、問題意識があればよいというものでもない。調べたいという欲求を持つと同時に、調べることがら、調べる対象について、調査をする前にある程度のことがわかっていなければならない。全くわかっていないのならば何らかの方法で事前にわかるようにする必要がある。Ⅲ部17章の図表17-3にある「調査対象の予備的観察」などはそれに当たる。なんとなくわかっているというのではなく、ある程度こうなっているのではないかということがわかっていて、それを確かめてみる調査ということもある。ある程度わかっていることを私は**「理論仮説」**と呼んでいる。「理論仮説」と呼んだのは、「作業仮説」との関係からであって、理論の形をなしているというわけではない。その調査のテーマに、どのような項目が関係しているか、項目と項目との間の関係はどうか、といったことにある程度の感じを持っているということである。茫洋とした感じであるか、体系化された理論に近くなっているかは、調査それぞれによって異なる。

さて、ある程度わかっていることを調査で検証してみようと思っても、簡単にはいかない。そこで、あらかじめわかっていること（理論仮説）にもとづいて一回の調査で検証可能な仮説をつくって検証し、それが確かめられたら理論仮説がある程度正しいとみることにする。一回の調査で検証可能なようにつくられた仮説を**「作業仮説」**と呼ぶ。社会調査ではごく一般的に使われている用語である。作業仮説はその調査のテーマのなかでごく部分的なことがらの関係を検証する場合もあるし、体系化された理論をおきかえて検証するという場合もある。

作業仮説について二つのことを述べておく。

一つは、社会調査で結論を得るということは、調査データから読み取るということではなく、あらかじめ用意した作業仮説が検証されたということで得るのがよい調査だということである。もう一つは、作業仮説は通常は調査で検証されるが、作業仮説が見込み違いで検証されないことがある。その場合は作業仮説を導いた考えを捨て、新たな考えのもとに新しい作業仮説をつくって再調査をする。社会調査が**大発見**につながるのは、この仮説が検証されず再調査となった場合であることが多いということである。どちらの場合にせよ、仮説検証ということが統計調査の結論を導く本道である。

作業仮説が具体的にどのようなもので、どのような働きをしているかは、Ⅱ部の統計調査の歴史のなかの11章「マスコミ効果研究の流れ」のところと、9章「ホーソン実験」のところを思い出してもらいたい。マスコミ効果研究では、マスコミが投票行動を左右するであろうとの考えに立って、一定期間のマスコミ接触とその間における投票意図の変化を調査した。マスコミ接触と投票意図の変更に関係が見られるとの仮説に立ったが、政治に関心のある人は自分の考えの補強に、政治に関心のない人たちはマスコミからよりも政治に関心のある人たちから影響を受けたという予期しなかった結果を得た。そこから生まれた**限定効果論**もその後の研究で修正されていった。ホーソン工場での照明実験は、労働生産性を高めたいという問題意識のもとに、労働条件をよくすれば労働生産性は高まるとの理論仮説を、労働条件の一つである作業場の照明を明るくすれば生産性は高まるという作業仮説で検証しようとした。結果は検証されず、やがてモラールの発見にたどりつく。どちらの場合も問題意識や作業仮説は明確であり、しかも作業仮説が検証されなかったことが新しい理論を生みだした好例である。

2　社会調査のタイプと仮説

問題意識、理論仮説、作業仮説が社会調査、あるいは統計調査で大切であるということはそのとおりだが、調査のタイプ、研究のタイプによって異なり一様ではないということを断わっておく。

I部2章でもみたように、川喜田二郎は「研究という名の仕事」という図を『発想法』のなかで示し、科学の方法には「演繹法」「帰納法」だけでなく「発想法」というものがあると述べている。**「発想法」**とは混沌としたものを整理分析し、まとまりや関係を見いだしていくことである。そのための具体的方法として**KJ法**というものを考案してもいる。発想法もKJ法も文化人類学のフィールドワークにまさにぴったりであるが、社会調査にも示唆を与えてくれている。私は「研究という名の仕事」の図をヒントに、社会調査は「探索型調査」「記述型調査」「計量型調査」「解明型調査」「検証型調査」に分類できると思っている（『世論調査で社会が読めるか』）。理論仮説や作業仮説が明確に必要なのは「検証型調査」や「解明型調査」であって、「探索型調査」の場合にはそうしたものは稀薄である。稀薄だから「探索型調査」なのだともいえる。そうではあるが、どのような社会調査でも、事前に予備知識や対象についての考え方が全くないということはありえない。調査の対象が混沌としている「探索型調査」でも、その混沌とした事象を整理していくとき、分類する、名前をつける、グループ化する、関係を見つける、などの作業をするが、そのどれにもある程度の既知のものがかかわる。それは作業仮説とは言えないが、すべての調査は必ず何らかの考えにもとづいて行なわれているということを忘れてはならない。

3　調査方法と調査票

データ収集の方法は、観察か質問か、定型か自由かで四通りあるということは前章で述べた。社会調査では何を調べるかを事前に考えているから、それを何らかの書式にしたものが必ずあるが、いわゆる**調査票**という形であるとは限らない。調査票というものがそれらしい形であるのは質問・定型の場合である。

観察・自由の**参与観察法**の場合は、調査を進めながら観察、質問を行なっていくので、あらかじめ調査票が用意されることはない。調査の計画があるだけである。質問・自由の**生活史法**の場合は、どんなことを訊くかおおまかな質問はあらかじめ用意されるが、質問文というよりは質問項目であり、また用意されていない質問も適宜行なうのが普通である。調査票が事前にあるわけではない。観察・定型の場合は、何をどのように観察するかはあらかじめ決められているが、観察の仕方についての決まりと記録の仕方の決まりがあればいいわけで、調査票の形をとる場合もあるが、とらないことの方が多いであろう。

調査方法と調査票との関係を述べれば、調査票は多様な調査方法のなかで質問・定型の統計調査に特有のものだということである。

調査票、つまり質問紙を用いた統計調査にもいろいろな調査方法がある。その代表的なものは面接法と留置法である。面接法、電話法などの**他計式**と、留置法、郵送法などの**自計式**とに分けることもできる。調査票の形式は、この面接法（他計式）と留置法（自計式）では全く異なるということに注意してもらいたい。耳で聞き、口で答える場合と、目で見、手で記入する場合とでは、質問・回答のあり方は全く異なる。調査票のつくり方の説明は質問紙面接法を前提としている場合がほとんどであるし、その説明は重要であるが、留置法の調査票のつくり方も別途説明されるべきである。留置法の長所である質問の量を多くできるということは、見やすい、回答しやすい調査票の工夫があってはじめて可能だからである。

4 回答の形式

調査は質問があって回答がなされて成立する。

その回答の形式は、大きくは自由回答法と選択的回答法に分けられる。**自由回答法**とは、質問文だけがあって回答は言葉で自由に行なう方法である。**選択的回答法**とは、あらかじめ回答（選択肢という）は用意されていてそのなかから選ぶ方法である。回答が用意されていれば形の上では選択的回答法であるが、**評価的回答法**は別ものとして、自由回答法、選択的回答法、評価的回答法と三つに分類するのがよいと私は考える（図表19-1）。

自由回答法はすでに説明したとおりだが、その内容を三つに分けたい。第一は「お子さんは何人ですか」とか、「あなたの年齢は」といったように回答は決まっていてそのなかから選ぶというもの。この場合は選択的回答法でも自由回答法でも回答は変わらない。第二は「どんなスポーツが好きですか」とか、「朝は何を食べていますか」といった場合である。「サッカー」と答える、「球技」と答える、「和食」「ご飯に味噌汁です」と答えるなど、回答者によって少し異なるが、どんな回答があるかおおよそ予想される場合である。第三は「あなたの生きがいは何ですか」とか、「今いちばん関心のあることがらは何ですか」といったように、どんな回答が出てくるか皆目わからない場合である。一般には選択的回答法と自由回答法の長所・短所を対比して説明されているが、本来はこの三つに分けて論じられるべきであろう。

第一の場合は、調査をスムースに進めるという観点からどちらにするかを考えればよい。第二の場合は、調査結果を整理する労をいとわずに多様な回答を期待して自由回答法にするか、調査結果を明確な形で得ることを優先して選択的回答法にするか、ということになる。第三の場合は、自由

図表19-1　回答形式

自由回答法

選択的回答法
　一項（単一）選択法
　二項（単一）選択法
　多項　単一　選択法
　多項（複数）選択法
　多項　制限　選択法
　多項　順位　選択法

評価的回答法
　肯定（否定）回答法
　評価尺度法
　配点法

統計調査の回答形式は、選択的回答法と自由回答法に二分されるのであるが、ここでは選択的回答法から評価的回答法を分離させた。「一項単一選択法」というものは類書には見られない著者独自の考えである。

「二項単一選択」とは「男」か「女」かというように、必ずいずれかの一方である形式の回答形式である。「アメリカ人か」という質問で回答が「そうだ」「そうでない」と２つ用意されている場合、見た目には二項単一選択だが、「そうでない」という回答の意味は多用であるので、二項選択とは区別し「一項単一選択」としてある。

回答法にするか選択的回答法にするかによって調査結果は全く異なる。選択的回答法で行なうと用意された選択肢のもつ影響が大きい。用意された選択肢から対象者は選ぶだけになる。自由回答法の場合は、回答が多様になり整理しにくいだけでなく、聞きたいことの核心をはずれた上すべりな回答しか得られないことが多い。問題をまず探索するとか、何かヒントになるものを得るなら自由回答法でよいが、そうでなければ選択的回答法で行なうべきであろう。なぜなら、質問文と選択肢がセットになってはじめて質問の意図が相手に伝わるというのが現実だからである。だがその場合は、あらかじめ用意された選択肢のもつ影響が大きいことを肝に銘じておかなければならない。自由回答法の考えを活かして選択的回答法で行なうなら、一度小規模な自由回答法の調査を行ない、その回答結果を参考にして選択的回答法の調査を行なうという方法がある。前者を**パイロット・サーベイ**、後者を**本調査**という。このような二段構えの調査をいつもやることはしないまでも、問題や状況をよくイメージして調査票を考えることが大切である。

統計調査は、結果を数字で表わそうということが多い。したがって、質問文と回答（選択肢）がセットでということが望ましい。しかし、統計調査も調査するテーマや目的によっては、必ずしも数字を求めようというものではない。調査する側が全く気がつかないようなことを見つけたいという場合もある。例えば、マーケティング・リサーチで自社製品へのユーザーの苦情を調べるというような場合である。この場合は、どういう苦情があるかを調べるのであって、量的にどれだけ苦情があるかを知ることが目的ではないのだから、自由回答法で調査し、結果も数字で出す必要はない。

統計調査はこのような調査も重視していいのではないか。

自由回答法の質問で注意すべきことは、質問にならない、答えようのない質問をして、その回答をあたかも意味ありげに発表することである。質問できることには限界があるということを心すべきである。自由回答法の一種とも思える**イメージ調査**の**言語連想法**がある。《学校》と聞いて思い浮かぶ言葉を五つ挙げて下さい」と質問し、挙がった言葉を整理して「学校」のイメージをとらえるといったものである。このような方法でイメージが調査されることはよい。だが、「あなたにとって《学校》とは何ですか」と訊き、それを自由回答法の調査とするのはあらっぽ過ぎる。人々にとって学校とは何かをどのようにとらえるかを吟味した上で、何問かの質問でそれを追求しなければとらえられない。

選択的回答法については、一般的な入門書では調査票上の形に注目して「二項選択」「多項選択」「評価法」といったような紹介が多い。おおよそはそのとおりでよいのだが、用意される回答（選択肢）と選ぶ回答（選択肢）を常に考えるということを基本におくべきであろう。その結果、一項選択というものを設けるべきだと私は考える。また「ハイ」「イイエ」は二項選択ではなく評価的回答法に入れる方がよいと思う。その意図するところを説明しておく。

「問・あなたは男性ですか、女性ですか」という質問文で回答が「1男性、2女性」となっている質問形式は二項単一選択である。この場合は、「男性」でなければ「女性」、「女性」でなければ「男性」であるという関係にある。

回答が「ハイ」「イイエ」になる場合はどうか。「問　あなたは四十歳以上ですか」「1ハイ、2イイエ」のような質問と回答なら二項単一選択である。だが、「問　あなたは四十代ですか」「1ハイ、2イイエ」という質問の場合は、「ハイ」は四十代であるが「イイエ」は「三十代」か「五十代」かあるいはそれ以外かわからない。だから二項とは言えないのである。こんな馬鹿な質問をするか、と思う人もいるかも知れないが、実質的にこのようなデータを含んでコンピュータ処理にかけることはある。そこで私は、このような質問は「四十代」という一項を選ぶかどうかであるので一項単一選択とし、二項選択から区別するのがよいと考える。質問と回答の形式が二項単一選択になっているということと、質問している内容がどうかは必ずしも一致はしない。一致しない場合、私は内容を重視すべきだと考える。

「ハイ」「イイエ」は選択的回答法ではなく評価的回答法だということを説明する。「あなたは野球をしますか」「1する、2しない」という形式の質問の場合、形の上ではこれも二項選択に見えるが、実際は「野球をする」ということをどの程度するかという評価の結果でどちらを選ぶか決めているのである。「野球をする」「野球をしない」の境界は明確ではない。「野球をする」という回答は「野球をする方だ」という回答なのである。「1ハイ、2イイエ」の回答形式を評価的とする理由は、ハイ、イイエの回答は評価的要素を含んでいることが多いからである。選択的回答から評価的回答を区別するのは、評価的回答を要するような質問では、質問・回答の形式で結果が大いに異なるということがあるからである。

評価的回答とはどのようなものかを見てもらうため、また、選択肢によって結果が異なることを見てもらうため、一例を示しておく。内閣支持率の調査で、「あなたは橋本内閣を支持しますか」「1支持する、2支持しない」では支持は四二パーセントであった。回答を「1支持する、2まあ支持する、3あまり支持しない、4支持しない」とすると、「1」と「2」の合計の「支持する」は四九パーセントと高くなった。回答を具体的に「1ぜひ続けてほしい、2続くのはやむをえない、3総辞職すべき、4国会を解散すべき」としたら、「1」と「2」の合計は七一パーセントになった。支持といえるかどうか微妙なところはあるが、質問・回答の形式でこんなにも結果は異なるのである（『世論調査で社会が読めるか』）。

選択的回答法の多項選択の選択肢の作成もそう簡単ではない。一般的な注意事項は図表19-2のようになっているが、それを忠実に実行するのはむつかしい。一つの質問、一つの選択肢群で調査することがむつかしい場合は、問題の切り口を二つか三つにし、二問とか三問で調査するしかない。注意事項は他の入門書にもほぼ同じように書いてある。問題は、それを実際にどのように行なうかである。質問文と選択肢の作成は個人の職人技に負うところが大きいのである。

5　質問文と回答

調査の結果は質問文のつくり方によっても影響される。そこで、質問文作成上の注意事項はいろいろと研究されてきた。その結果を列挙すると図表19-3のようになる。

図表19－2　選択肢作成上の注意

a．多項選択の選択肢の作成
　①　網羅的である。
　②　各項目が同一の重み。
　③　重複しない。
　④　同一レベルである。
　⑤　項目の数が適当である（2～7ぐらいが目安）。
　⑥　項目の表示が同じようになっている。
　⑦　並べ方に注意する。
　⑧　「その他」を設けるが、それを過大評価しない。

b．単一選択か、制限選択か、多項選択か

c．評価法の選択肢
　①　「中位」を設けるか、設けないか。
　②　両側尺度か、片側尺度か。
　③　何段階とするか（通常は5段階だが、7段階が望ましいこともある）。

図表19－3　質問文作成上の注意

①　必要な内容が脱落しないようにする。
②　できるだけ短い文章にする。
③　やさしい用語を使う。
④　意味がはっきりしない用語は避ける。
⑤　複雑な訊き方をしない。
⑥　2つの意味を含ませない。
⑦　誘導するような質問文にしない。
⑧　特別な意味をもつ用語は使用しない。
⑨　記憶していないようなことは訊かない。
⑩　不快感を与えるような質問はしない。

選択肢、質問文の作成は重要である。注意の仕方はケース・バイ・ケースである。上は、あくまで一般的なものである、ということを断わっておく。

④意味がはっきりしない用語は避ける、とはどういうことか。例えば、「問　あなたは最近映画をご覧になりましたか」という質問、ごく普通の表現ではあるが「最近」というのはあいまいである。「問　あなたはこの三ヵ月間に映画をご覧になりましたか」というようにしないと回答する人によって受け止め方も異なるし、解釈もできない。

⑥質問に二つの意味をもたせることを**ダブル・バーレルの質問**という。「問　日本は米や牛肉の自由化にもっと積極的になるべきだ」というのがある。この調査が行なわれた時点で四八パーセントが賛成と答えているが、「米」と「牛肉」を別々にすると「米」二五パーセント、「牛肉」六〇パーセントの賛成であった（『世論調査で社会が読めるか』）。二つを一緒に訊く（ダブル・バーレル）よりも分けた方が明確になってよいというのだが、質問の量をどうするか、調査をスムーズにすめる配慮などからケース・バイ・ケースである。

調査での回答で一般に見られる傾向として、前章でも触れた**イエス・テンデンシー**というのがある。人々は「ノー」と答えるよりも「イエス」と答える傾向の方が強いというのである。「山より海の方が好きですか」と訊くと「海」、「海より山の方が好きですか」と訊くと「山」の方が多くなるというのである。ここで理解してもらいたいことは、質問である限り、二種類の調査票を使うなどしなければイエス・テンデンシーを完全になくすことはむつかしいということである。

前にある質問が後の質問の回答に影響を与える**キャリーオーバー効果**も、調査が複数問で成り立つ以上避けては通れない。

質問と選択肢ではなるべく結果に悪い影響が出ないように配慮するのは当然であるが、影響を完全になくすというよりも、それを考慮して調査結果を見るということが大切である。

6 質問量の調整

「調査票を作成する上でいちばん注意すべきことは？」ともし問われれば、「質問の量を多くしないことだ」と答えたい。簡単なアンケートの場合はいいのだが、それなりの意気込みをもって取り組む調査の場合には、あれも訊きたい、これも訊きたい、と質問の量が多くなり勝ちである。調査票の作成は調査を実施する側が一方的に行なう。調査される側も参加して、「こんなに多いのは嫌だ」とか「こんな量では答えられない」と意見を言うような運営にはなっていない。調査対象者の反応を肌で感じている調査員の声が反映されることもまずないであろう。調査実施審査機構のようなものがあって、質問の量（あくまでも量であって内容ではない）に対してイエロー・カードやレッド・カードを出す制度があるとすれば、カードを出されてしまう調査はいくつもあるだろう。学者が行なう研究調査、調査機関が行なうマーケティング・リサーチには目に余るものがある。調査から得られる成果は、ほとんどの場合、質問の量に負うのではなく、全体の企画と的確な質問と回答の形式によるのである。あとは分析力、報告書の作成能力である。

では、質問量の多い場合、どのように調整するか。第一は質問そのものを減らす、第二は質問・回答形式を変更する、である。質問項目を減らすには、①重要でないものを省く、②類似のものを省く、③分析に使わない質問を省く、④訊きにくい質問を省く、⑤負担の重い質問を省く、ことである。

質問・回答形式の変更では、一項選択の何問かを多項選択の一問にしてしまうということがある。後藤秀夫の図(『市場調査マニュアル』)を少し簡単にし、また私流の分類を用いたのが図表19-4である。実際の調査において便利に使えると思う。調査が負担に感じられるのは、質問の量も大きな要素であるが、調査していくときに質問が滑らかに流れるかどうかも大きな要素である。滑らかに流れるようにするには、質問・回答の形式をそろえるということも重要である。その意味でもこの図は有効である。

7 調査票の構成

質問紙面接法、質問紙留置法で使用される調査票は、質問と回答を単に羅列して印刷した、というようなものではない。調査の回答の仕方、実施の仕方が詳細に盛り込まれたものである。また、使いやすくするために、文字の種類、大きさ、罫の活用、レイアウトなどを大切にせよ、といいたい。だが、こうした職人技は社会調査の知的活動というイメージと合わないためか軽視されている。調査票の構成については、社会調査の企画から分析までの過程で必要な理論や知識とは別の種類の職人技が取り込まれるべきであるし、そうした技の継承も考えて欲しい。

さて、瑣末な話と思われるかもしれないが、調査票の構成について最低限のことを述べておくこ

図表 19－4　回答形式間の関係

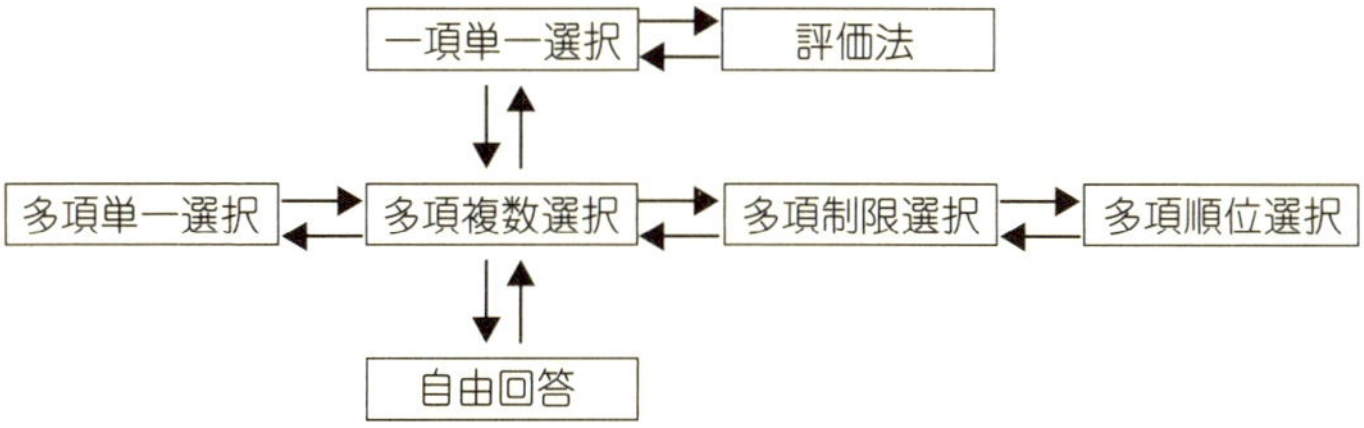

調査票作成の過程で、質問文・回答形式を変更する場合の代替関係をわかりやすく示した図である。
後藤秀夫『市場調査マニュアル』のものをもとに作成した。

中学生に得意科目の調査をするとしよう。科目を１つずつ、それが得意科目であるかどうか質問すると「一項単一選択」である（もっとも、「ハイ」「イイエ」で答えさせるから厳密にいえば評価法である）。どの程度得意かと三段階とか五段階で回答させれば評価法になる。「評価法」にすれば調査上の負担は重くなる。

調査を簡単にしようと思えば、科目を並べておいて、得意科目に○をつけてもらうというようにする。科目の数だけ質問文があったのが一問で済むことになる。もっと簡単な調査にするには、最も得意な科目を１つ回答させる「多項単一選択」や「得意な科目は何ですか」と、自由に回答させる方法にする。

上の図表にない「二項単一選択」は、「あなたが得意なのは理系科目ですか、文系科目ですか」というような質問文にする使い方である。

とにする。

一、タイトルをつける（タイトルはその調査の識別と、その調査の性格を表わし、かつ、対象者によい感じを与えるものにする）。
二、調査の実施年月を印刷しておく。
三、調査主体名を印刷する。
四、あいさつ文を印刷する（別紙のあいさつ文があっても、調査票にもあった方がよい）。
五、地点、対象者番号の入る欄を設ける。

以上が調査票の冒頭に置かれるべき項目である。

調査票の最後には**フェース・シート**と呼ばれる、対象者についての基礎的な質問がある。紙幅の関係でフェース・シートの説明は省略する。

留置法の場合は調査票に余計なものは設けないが、面接法の場合には訪問記録（いつ訪問したか）、調査員判定（調査への協力度とか住居の形態など）を設けることが多い。最初の方か最後かは自由だが、訪問記録は前に、調査員判定は最後に置くことが多い。

質問文の並べ方は一般的にいわれている原則はあるが、なかなかそのとおりにはいかない。定型的な質問・回答形式に工夫をこらした変更を適宜加えて、職人技でしのぐしかないであろう。

調査票作成の要諦の一つとして、**ウェイスト・クエスチョン**に触れておく。その調査で結果を利用する必要があるかどうかにかかわらず、その調査に対象者を自然に引き込むための茫洋とした質問を最初に置くとよい。世論調査では「問　あなたは政治に関心をもっている方ですか」とか、広告に関する調査では「問　あなたは広告をよくご覧になる方ですか」といった質問である。

ウェイスト・クエスチョンについては古くから言われてきているし、また必要なことであると思っているが、私はもう少し大きな意味があると思っている。調査は「何についての調査か」ということを前提に始まる。それによって回答の仕方がときとして変わってくる。何についての調査かわからせずに調査する、ということをしたくなることもあるが、そういうことは現実には無理である。最初の方に来る質問は、調査名やあいさつ文と同様、調査のテーマを調査する側とされる側が確認する機能をもつということを留意すべきである。

8　調査方法と質問

質問と回答形式がどうあるべきかを、質問紙面接法、あるいは質問紙留置法を想定して検討してきた。郵送法による調査も同じと考えてよいであろう。

電話法の場合には音声だけの調査なので状況は全く異なる。質問文は簡単明瞭でなければならないし、選択肢を設けるにも制約がある。簡単なもので、数も限られる。訊ける質問が限られるといった方がいいかもしれない。

従来の調査と様相が一変しているのが、**インターネットによる調査**である。表現はパソコンでのディスプレイ表示に限られる。一方、質問から質問へのすすみ方はＩＴ機能を十二分に発揮しえる。面接あるいは用紙に記入という従来の調査については、質問と回答形式のおよぼす影響はかなり研究されているが、インターネット調査は対象者が片寄っているといった問題に加えて、手法のもつ特性がもっと研究される必要があろう。

20章　集計・分析の技法

日本マーケティング・リサーチ協会の『ＪＭＲＡ三〇年史』の座談会を見たら、設立当時は「マーケティング・リサーチは《科学そのものなのだ》」という空気が強かったという発言（柳原良造）があり興味を持った。当時のマーケティング・リサーチは科学そのものだという意味は、調査対象を科学的に（無作為抽出で）選び、誤差も計算できるということである。今、調査が科学的だというのは、データの分析にコンピュータが使われ高度な分析が行なわれるということである。しかし、複雑な社会現象は簡単に科学的に把握できるものではない。盛山和夫は自著のなかで「社会調査は解釈である」（『社会調査法入門』）と宣言している。盛山は学術的な調査に限ってのこととして発言しているのであろうが、「解釈」という言葉に盛り込まれた社会調査における人間の知的活動の重要性には私も賛成である。調査結果の整理、分析、解釈を正しく行なうには、むつかしい計算の基礎となる考え方を学ぶことが大切である。この章ではそれを意図した。

1　コーディングの原理

統計調査は調査結果を数字で示す。そのための原理は、調査対象の何かに着目し、その着目した点で分類し、分類されたものを数えるということである。この原理を忘れてはならない。わかりやすい事例でいえば、一〇〇人の調査対象者がいたとする。性別に着目して分ける。そして、男性五〇人、女性五〇人というように数えるわけである。その場合にそれぞれの人を男性、女性と分けることを**コーディング**という。コーディングとは、調査票の記入内容を符号に翻訳する作業である（『社会調査ハンドブック』）。

性別のように分類が簡単にできるものはよいが、何かを食べた感想を自由に回答してもらった結果を分類するとなるとむつかしい。すべてが少しは異なるわけであるから、どれとどれは同じとみるか、どれとどれは異なると見るか、分け方は無限に近くある。調査の分類として妥当な数にまとめるということは非常にむつかしい。

だが、統計調査ではこのコーディングが非常に重要である。笑えない話を一つ紹介する。企業や団体がおもしろい調査をして発表し、マスコミに取り上げてもらい、PR効果をねらう調査を、**パブリシティ調査**という。その一つであろう、「小泉首相にさせたいアルバイト」という調査があった。結果は「新聞配達・郵便配達」がいちばん多かったのだが、「新聞配達」なのか「郵便配達」なのかはわからない。これがわかればほんとうに笑えるのに残念である。コーディングは、細かく分かれているものをまとめることはできるのだが、一度まとめられるとそれを分割することは二度とできない。

コーディング、すなわち符号をつける、とはどういうことか、それが何を意味するかを、ある魚を例に説明する。その魚は出世魚である。いわゆる、大きくなっていくにしたがって呼び名が変わっていく魚である。興味深いのは、それが関東と関西では異なることである。紹介すると次のようになる（『大百科事典』）。

ワカシ ―― イナダ ―― ワラサ ―― ブリ （関東）
モジャコ―ワカナ―ツバス―ハマチ―メジロ―ブリ （関西）

同じ魚で大きさが違っていくだけだが、名前がつけられると別のものとして識別される。それはある大きさとリンクしているわけではない。関東と関西を比べると、名前のつけ方と区切り方が異なっており、名前の付け方がそれぞれの魚の存在を決めている。符号をつけるコーディングとはこのようなことなのである。分かれて存在しているものに符号がつけられるとはかぎらず、符号をつけられたものが分類されたものとして存在することもあるのである。調査票の選択肢、データの整理段階でのコーディングはだから重要なのである。

2 集計の原理

統計調査の「集計」という作業は、すでに述べたように、対象者の何かに着目し、その着目した点で分類し、それぞれ分類されたものを数えるということである。原理はいたって簡単である。男女に分けるというように一つの着目点で集計することを**単純集計**という。それに対して、二つの着目点について集計するのを**クロス集計**という。性別に加えて、年齢もみるとする。二〇代、三〇代、四〇代、五〇代、六〇代と五つに分けられて、それぞれ二〇人ずつであったとすると、これも単純集計である。性別と年齢を一緒に集計したらどうなるか。三つの例を示す（図表20‐1）。

Aと決まっていればクロス集計の面白さはないが、A、B、C、どれもありえる。Bの場合、四〇代のところの年齢と性別はどうなっているのかわからない。四〇代のところが五歳キザミになっていれば、四五歳以下は男性、四六歳以上は女性なのかも知れない。もしこれがわかれば、四五歳以下の男性五〇人と四六歳以上の女性五〇人といえるが、年齢が五分類であればそこまではわからないのである。Cはいろいろな例の一つである。どうなっているかクロス集計をしてはじめてわかるのである。

三つの点に着目する三重クロス、四つの点に着目する四重クロスも考えられるが、統計表としては煩雑で見にくくなり、実用的でなくなる。今は、いくつもの点に着目する場合はコンピュータで多変量解析をするのが普通である。

図表 20－1　クロス集計の例示

Aの例		20代	30代	40代	50代	60代
	男性	10人	10人	10人	10人	10人
	女性	10人	10人	10人	10人	10人

Bの例		20代	30代	40代	50代	60代
	男性	20人	20人	10人	—	—
	女性	—	—	10人	20人	20人

Cの例		20代	30代	40代	50代	60代
	男性	15人	10人	—	10人	15人
	女性	5人	10人	20人	10人	5人

上のクロス集計はわかりやすくするための架空のものである。本文を読みながら参考に見てもらいたい。

男女別の単純集計、年代別の単純集計では同じデータが、クロス集計でみるとAの例、Bの例、Cの例がありうる。統計調査の魅力は２つの着目点によるクロス集計にあるといえよう。

3　コーホート分析

コンピュータを使ってデータ処理を行ない、データからいろいろなことを引き出す手法は多い。それらをまとめて**多変量解析**と言っている。多変量解析にはどのようなものがあるか、その代表的なものはこの章の5節で紹介するが、その前にコーホート分析というものがあることを述べる。実際に行なうのはむつかしいし、明快な結果が得られることは滅多にないようだが、その原理を知っておくことは、社会を見る上で大いに参考になる。

統計調査の結果は、単純集計でも見るが、フェース・シートといわれる項目とのクロス集計で見るということがごく普通のことである。継続調査であれば時系列でみた変化に注目する。**コーホート分析**では年齢、時代（時系列）に加えて世代にも注目する。

ある統計調査で、ある質問項目の年齢別の数字を見たら、平均では四〇パーセントであったが、二〇代三〇パーセント、三〇代三五パーセント、四〇代四〇パーセント、五〇代四五パーセント、六〇代五〇パーセントであったとしよう。その質問で「ハイ」と答える人は年齢が高いほど多いと読める（図表20－2）。

その統計調査は一〇年ごとに行なわれている。その平均数字を追ってみると、一九六〇年四〇パーセント、七〇年四三パーセント、八〇年四四パーセント、九〇年四三パーセント、二〇〇〇年四〇パーセントである。一九六〇年からほんの少し高くなり、一九八〇年をピークにほんの少し下がってきているということがわかる。

図表20－2　コーホート分析の説明表

表1　ある統計調査の年齢別データ

20代	30代	40代	50代	60代
30%	35%	40%	45%	50%

表2　ある統計調査の時系列データ

1960年	1970年	1980年	1990年	2000年
40%	43%	44%	43%	40%

表3　ある統計調査の時系列・年齢別データ

	1960年	1970年	1980年	1990年	2000年
60代	30	35	40	45	50
50代	35	40	45	50	45
40代	40	45	50	45	40
30代	45	50	45	40	35
20代	50	45	40	35	30

上の数字は、コーホート分析を説明するためにつくった全く架空のものである。本文を読みながら参考に見てもらいたい。

統計調査のデータは、通常その調査の層別のデータとして見る。表1である。

同じ調査が定期的に行なわれていれば、時系列のデータを見ることができる。表2である。

この2つの見方では、年齢別と時系列の変化という2つの視点になるが、表3のような表にしてみると「世代」という視点があることがわかる。年齢別に時系列のデータがあるとき、コンピュータを使って「年齢要素」「時代要素」「世代要素」を算出するのがコーホート分析である。

統計調査のデータは通常この二つの見方をする。だが、年齢別の数字を時系列に並べてみると、全く別のものが見えよう。一九六〇年に二〇代だった人たちは五〇パーセントとなっているが、七〇年に三〇代になっても同じ、八〇年に四〇代になっても同じ、九〇年に五〇代になっても同じ、二〇〇〇年に六〇代になっても同じである。表3を見ると、二〇〇〇年に二〇代の人たちから、一九六〇年に六〇代の人たちまで九世代が表にあるが、どの世代も全く考えが変わっていないことがわかる。

コーホート分析とは、表3のようなデータをもとに、調査結果を「年齢要素」「時代要素」「世代要素」に分ける手法である。その原理をごく簡単に説明すると、表3のようなデータを「平均値」＋「年齢要素」＋「時代要素」＋「世代要素」という近似式をコンピュータを使って作成する。精度を問わなければ何通りもできるが、それぞれの要素の隣同士の差が最小になるものを選ぶのがコーホート分析である。この場合は、「年齢要素」はなく、「時代要素」もなし、「世代要素」は、世代①マイナス一〇、世代②マイナス五、世代③プラスマイナス〇、世代④プラス五、世代⑤プラス一〇、世代⑥プラス五、世代⑦プラスマイナス〇、世代⑧マイナス五、世代⑨マイナス一〇、ということになる。この数字はわかりやすくつくったもので、現実にはこんな例はないだろう、と思われるかも知れない。たしかに、こんなにきれいでこんなに極端なことはない。だが、世代要素が重要な意味を持つということはよくある。朝日新聞は、戦後の政党支持で社会党支持にこの世代要素が見られるということを、一九六〇（昭和三五）年、七〇年、八〇年の自社世論調査で分析して報じている。

年齢別を見る、時系列の変化を見ることは当然だが、ともすると見落としがちな、世代別を見ることを忘れないようにしてもらいたい。世代別と年齢別とは全く別のことである。**世代**とは「出生時期を同じくし、同一の時代背景のもとで歴史的、社会的経験を共有することによって共通した意識形態や行動様式をもつようになった人々の集合体」(『新社会学事典』)である。

4　相関係数

クロス集計をつくるのは、二つの項目の関係を見るためである。二つの項目が数字で表わせる数量(量的データ)であるとき、その二つの数量の関係を係数にして見ることができる。それが**相関係数**である。相関係数はマイナス一からプラス一の間の数値をとり、一方が増えればもう一方も増える場合はプラス一に近く、一方が増えれば一方が減る関係にある場合はマイナス一に近く、一方の増減がもう一方の増減と関係のない場合は〇となる。相関係数は通常 r で示される。

相関係数の計算の仕方はいろいろある。二つの項目の数値を x と y とし、それぞれの調査対象の x と y がわかっている、すなわち集計結果やコーディング後のデータでなく生の数字があるときの計算式がある(計算式は省略する)。その場合、各調査対象は x と y の値で x y 軸で構成する面に点でプロットできる。その点の散在の仕方と相関係数の値 r の関係を図で示すと次のようになる(図表20 - 3)。

二つの項目の数字がコーディングされ、クロス集計の形で示された場合も、そのままのデータが

図表20－3　相関関係のパターン

図1　　$r \fallingdotseq +1$

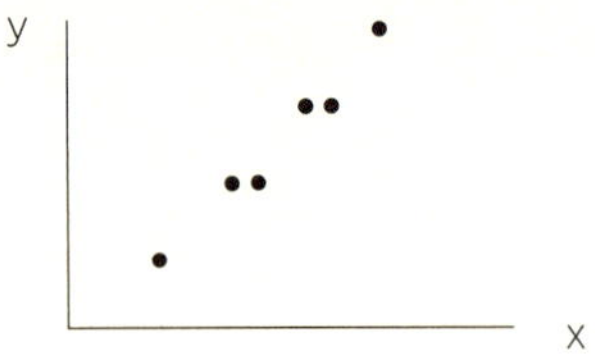

図2　　$r \fallingdotseq 0$

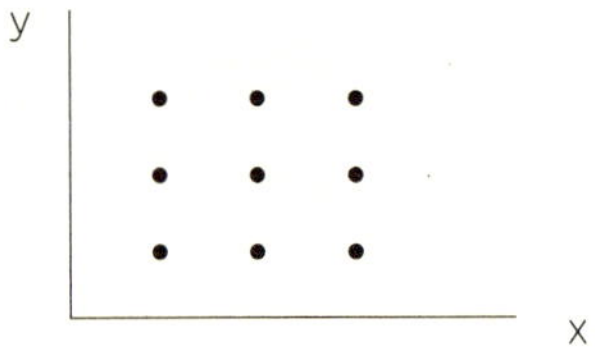

図3　　$r \fallingdotseq -1$

相関の状態を理解してもらうためにつくったものである。本文を読みながら参考に見てもらいたい。

ｘが増えればｙも増えるという関係にあるのが、図１。相関係数（ｒ）は１に近い。小学生の身長と体重などがこれにあたる。

図２はｘとｙの値が関係のない場合。確認したわけではないが、中学３年生といったように学年を限った場合の身長と数学の成績。相関関係は０に近い。

図３はｘが増えればｙが減少するという傾向にある場合。図１と似た現象ではあるが、数学的には逆になる。

あるのに準じて相関係数を計算する式がある（計算式は省略）。

そのままのデータもクロス表もないが順位だけはわかる、という場合の相関係数を計算する式もある（計算式は省略）。例えば、何人かの生徒がいて、短距離走と長距離走の順位はある。短距離走と長距離走の成績の相関を見たいといった場合である。余談になるが、プロ野球が始まるといろいろな人が順位予想をする。そしてペナント・レースが終わりに近づくと、優勝チームが的中したかどうかが話題になる。予想が全体としてどの程度当たったかはこの順位相関係数で見ればよいのである。

相関係数は、二つの項目が数量で示されるものである場合だが、性別（男女）とか地域といった質的データの場合にも、**連関係数**というものがクロス表を用いて計算できるようになっている。パターンが多い場合は問題があろうが、二つとか三つぐらいの場合は相関係数の考えで見るのはよい。

コンピュータの発達により多変量解析が当たり前になって、相関係数が忘れられているような感じがあるが、調査データを見る能力を身につけるには相関係数を学ぶのがよい。相関係数には偏相関係数、重相関係数というものがあり、それを学ぶと「見せかけの相関」というものもよく理解できる。山田欽一の『統計学入門』（春秋社）に紹介されている例で説明する。この事例を使わせてもらうのは、私の扱った事例ではこれほど見事には出なかったからである。考え方と、それがどれだけ現実の事象のなかで見られるかはイコールではないことを付け加えておく。

一九二九〜三八年のアメリカのバターの統計をもとにしたものである。消費量を x、生産量を y、価格を z とする。相関係数は r で示すということは述べたが、x と y の相関係数の場合は r_{xy} と表示する。x、y、zの統計から、$r_{xy}=0.63$, $r_{yz}=-0.74$, $r_{zx}=-0.81$という数字が計算された。ここで$r_{xy}=0.63$という数字に注目してもらいたい。そう高くはないが、消費量と生産量は一方が増えればもう一方も増えるという関係にあると読める。

偏相関係数とか重相関係数は三つの項目のデータがあり、それぞれの項目間の相関係数がこのように三種ある場合に、三つの項目を使った相関を新たに見るというものである。計算式は省略する。価格zという要素を抜いて消費xと生産yとの相関を見るのが**偏相関係数**で、$r_{xy \cdot z}$と表わされる。この数値は$r_{xy \cdot z}=0.077$であった。ほとんどゼロである。価格という要素を抜きにすると消費と生産とは相関はないということである。消費x・生産yという二つの項目と価格zとの相関係数は**重相関係数**といい、$r_{(xy)z}$で表わされる。$r_{(xy)z}=0.86$であった。元に戻って見よう。価格が上がれば消費が減少するということは理解できるが、価格が上がれば生産が減少するというのは不自然である。重相関係数で生産・消費と価格との相関を見るとなるほどと思える。

社会事象を見るとき注意すべき**「見せかけの相関」**ということに再度触れておく。二つの事象の数字が重なっても、その二つの事象が関係があるとは限らないということである。数字の動向が一致したときは、その二つの事象が関係があるか考えてみて、ありそうに思えなかったら見せかけの相関と考えるべきである。もう一つは、第三のファクター(z)が考えられないか常に検討してみることである。そのためにアメリカのバターの消費と生産に価格を加えた偏相関係数の例を思い出してもらってもいいが、もっとわかりやすい事例を挙げておく。小学生の運動能力と学力の相関係

図表20－4　見せかけの相関の説明

A図　小学生の運動能力と学力

運動能力　═══　学力

高い相関係数

B図　運動能力・学力と学年

見せかけの相関

運動能力　………　学力

高い相関係数　＼　／　高い相関係数

学年

２つの数値の関係を示すものに「相関係数」がある。ある小学校で全校生徒の運動能力と学力の関係を見たら高い相関があった（A図）。しかし、小学校には一年から六年まであるわけで、学年という要素を考慮すると運動能力と学力の間にあまり相関は見られなかった（B図）。学年という要素を考えずに相関があるように見えることを「見せかけの相関」という。

数を算出したら高い相関が見られた。だが、小学生には一年から六年までである。学年という要素を入れたら、運動能力と学力はそれほどの相関は見られないことがわかった。当たり前のことだが、この構図を忘れないことだ（図表20‐4）。

5　多変量解析

多くの項目データを用いて数学的に処理する手法を、一般に多変量解析といっている。解析であるから数量（量的データ）の場合に限られるが、解析と同じような考えで近似式を求めることでパターン（質的データ）の場合にも可能になる。まず量的データか質的データかを峻別する必要があるということを心得てもらいたい。

もう一つは、多変量解析というなかにいろいろな手法があるが、大きくは予測を目的とした「重回帰分析」、判別を目的とした「判別分析」、分析を目的とした「因子分析」の三つである。ただ、それを少しずつ変更した新しい手法が次々に発表されている。その都度一つ一つ理解するのは当然だが、基本型をまず頭に入れることである。

さらに言っておくべきことは、その三つの基本型と異なるものがある。私は、それらはコンピュータを使ってはいるし、計算もするが判読や検索を行なっているので、多変量解析から分けて**多情報処理**とでもすべきではないかと考えている。例えば**クラスター分析**がそれに当たる。

多変量解析にはどのようなものがあるかの紹介の仕方は人によって少し異なるが、よくみるとみ

図表20－5　多変量解析

目的変数		説明変数	計算式	用途
あり	量	量	重回帰分析	予測
	量	質	数量化Ⅰ類	
	質	量	判別分析	判別
	質	質	数量化Ⅱ類	
なし		量	因子分析	分析
		質	数量化Ⅲ類	

多変量解析の手法は現在は非常に多様化している。上に挙げたものは基本的なものだけである。いろいろな呼称があるが、基本的には「予測」「判別」「分析」のいずれかに属するものであると思ってよかろう。

「重回帰分析」「判別分析」「因子分析」はデータがすべて数字である場合に使用する。データがパターンのような質的な場合は本来は解析できないが、近似式を探るということで同じようなことができる。

統計調査でよく使われるのは「数量化Ⅲ類」である。

な同じである。一例を示しておく。名称は覚えてもらいたい（図表20‐5）。

6　AID分析

多変量解析でまずわかりにくいのは「目的変数」である。**目的変数**とは解析して出す回答なのだが、それが「あり」の場合と「なし」の場合とがある。しかも、「あり」の場合に「量」（数量）である場合と「質」（パターン）である場合とがある。「量」と「質」についてはこれまでもいろいろなところで触れているので、重ねての説明は省く。

目的変数が「あり」「なし」とはどういうことか。先生が子供たちを川原へ連れて行ったとする。「大きい石、小さい石があるからよく見て川原の石について先生に報告しなさい」と言った場合は、目的変数は「あり」である。石の大きさ、と先に決まっているからである。「川原にはいろいろな石がありますね、どのような石があるかよく見て先生に報告しなさい」と言ったとする。生徒は「大きい石と小さい石がありました」「丸い石と角ばった石がありました」「白っぽい石と黒っぽい石とがありました」といったように報告してくる。大きさなのか、形なのか、色なのか、先に決まっていないから、目的変数は「なし」なのだが、最後までないわけではない。何が出てくるかを見るところに目的変数なしの多変量解析の魅力があるともいえよう。

どの程度使われているかは知らないが、AID分析というのがある。目的変数ありなしを理解するのに好都合なので、後藤秀夫『市場調査マニュアル』に紹介されている例の一部を示す。なお、

図表20－6　AID-TREE（樹形図）

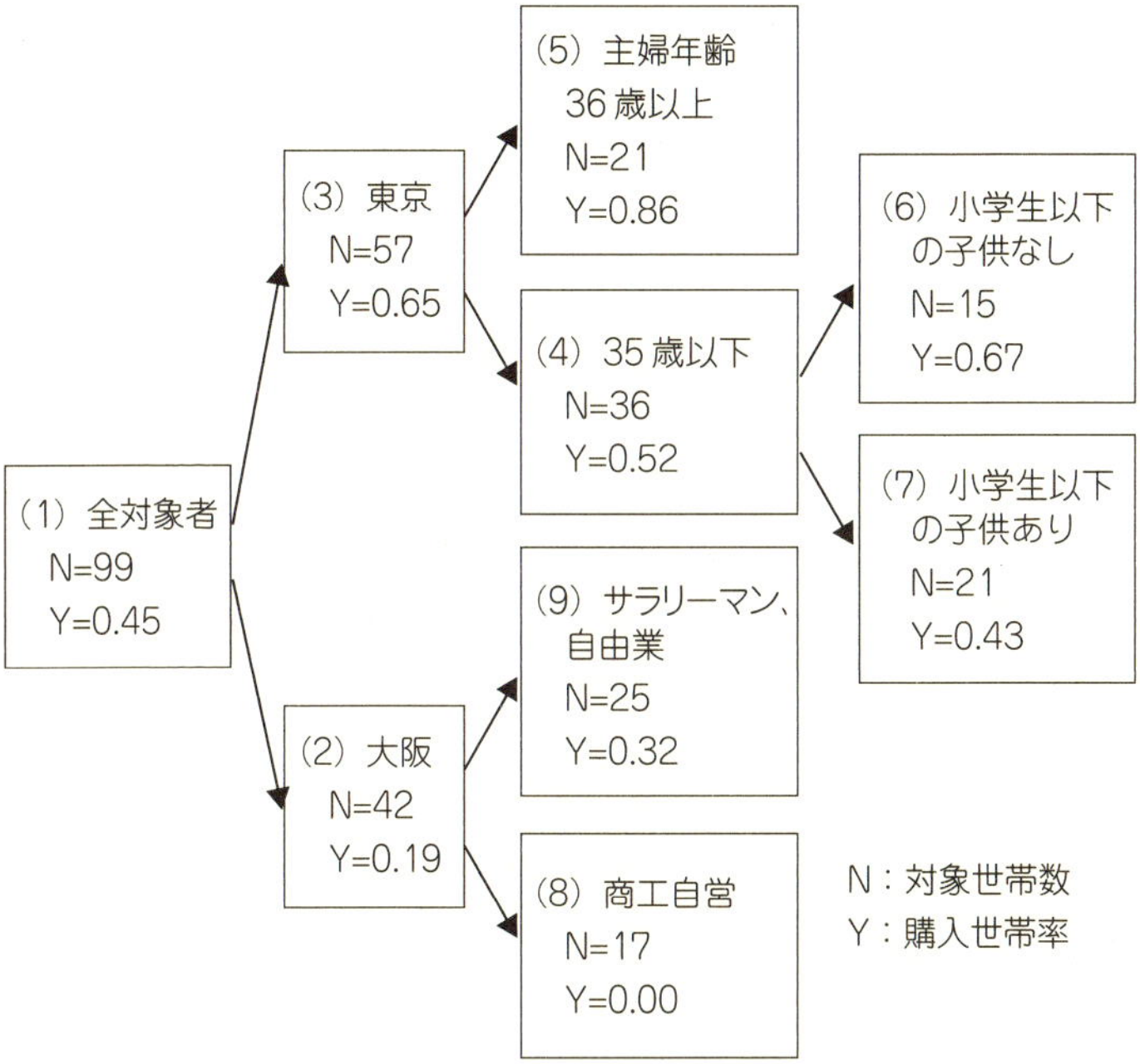

後藤秀夫『市場調査マニュアル』に紹介されているものを使用させていただいた。本文を読みながら、目的変数がない分析の理解の参考にしてもらいたい。

どういう世帯が購入しているかを知るために、どの項目で分ければ購入世帯率の差が大きくなるかをコンピュータに探らせる。その結果が東京と大阪に分けることであった。次にそれぞれをさらに同じようにコンピュータに探らせると、東京では主婦年齢、大阪では職業となった。AID分析の結果、「東京で主婦年齢36歳以上」が86％で最も購入率が高く、「大阪で商工自営」は購入率0％でいちばん低いという結果が得られた。この分析から、「地域」とか「主婦年齢」とかの要因が強いということがわかる。

目的変数「あり」「なし」を外的基準「あり」「なし」ともいう。**ＡＩＤ分析**は調査対象者をどの項目（フェース・シートが多い）で分けると違いが最も大きくなるかを見るものである。分析に使う項目はどれとは決まっていない。サンプル数があらかじめ決めておいた限度を下回らないところまで分割する作業をする。

事例はサンプル九九。ある商品の使用についてＡＩＤ分析したものである。平均の使用率が四五パーセント、それを「東京・主婦三六歳以上」とすると八六パーセントと高くなる。「地域」とか「主婦年齢」といった強く効いている項目を見つけだすのがＡＩＤ分析である（図表20－6）。

7　数量化Ⅲ類

多変量解析で非常によく使われるのが**数量化Ⅲ類**ないしはその同類である。簡単に説明する。説明変数が量的データの場合は**因子分析**である。生徒の成績というものを考えてみる。英、数、国、理、社、音、美、家、職といった科目の成績があったとする。「この生徒は英語と国語は出来るが数学は出来ない」とか「この生徒は社会や職業は出来るが音楽、美術が出来ない」といった評価ができよう。因子分析というのは多数ある科目から共通項を見つけだし、その項目で評価する。仮に「記憶力」「論理力」「創造力」という因子が抽出されたとする。「この生徒は記憶力はよいが論理力が弱い」とか「この生徒は記憶力はあるが創造力がない」というようになる。項目を減らす、一般化する、というのが狙いで、Ⅱ部13章で触れたＳＤ法の因子分析などもそれに当たる。

統計調査では、項目のデータは量的データよりも質的データである方が多い。数量化Ⅲ類の手法が開発されて多用されるようになった。私もプロジェクトの一人として参加した日本新聞協会の例を紹介する。新聞記事の読み方で読者をタイプ分けしようとしたのである。一六種類の記事を上げ、「よく読む」「ときどき読む」「読まない」で回答してもらった。数量化Ⅲ類にかけるには「イエス」「ノー」でないとできないので、「よく読む」と「ときどき読む」を合わせて「読む」とした。数量化Ⅲ類にかけると、第一軸、第二軸、第三軸……と出てきて、その軸での数値が出てくる。

第一軸では片側に「読む」、もう片側に「読まない」が出てきた。それで、それを「読む―読まない」軸と呼ぶことにした。第二軸はプラスの方に「政治」「一般経済」「科学」など、マイナスに「家庭婦人」「健康」「旅行レジャー」などが出た。これを「硬派―軟派」軸と呼ぶことにした。第三軸ではプラスに「映画演劇」「旅行レジャー」「スポーツ」が、マイナスに「科学」「株式商況」「健康」が出た。これを「実用―娯楽」軸とした。軸の持つ意味は早く出てきたものほど重いのだが、「読む―読まない」軸は当初の狙いからはずれるのでとりあえず置き、第二軸と第三軸で平面をつくり、そこに記事をプロットした（図表20‐7）。図を注目してもらいたいが、「社会」が中心にあり、また、「読まない」が中心部にある。ここには第一軸での『読まない』が現われている。名称は「社会面型」としたが、社会面しか読まない人たちということになる。「政治経済面型」「文化・スポーツ面型」「家庭面型」と合わせてうまく四つのタイプに分けることができた（『マスコミと「生活」』日本新聞協会、一九七五年）。

図表 20－7　数量化Ⅲ類の一例

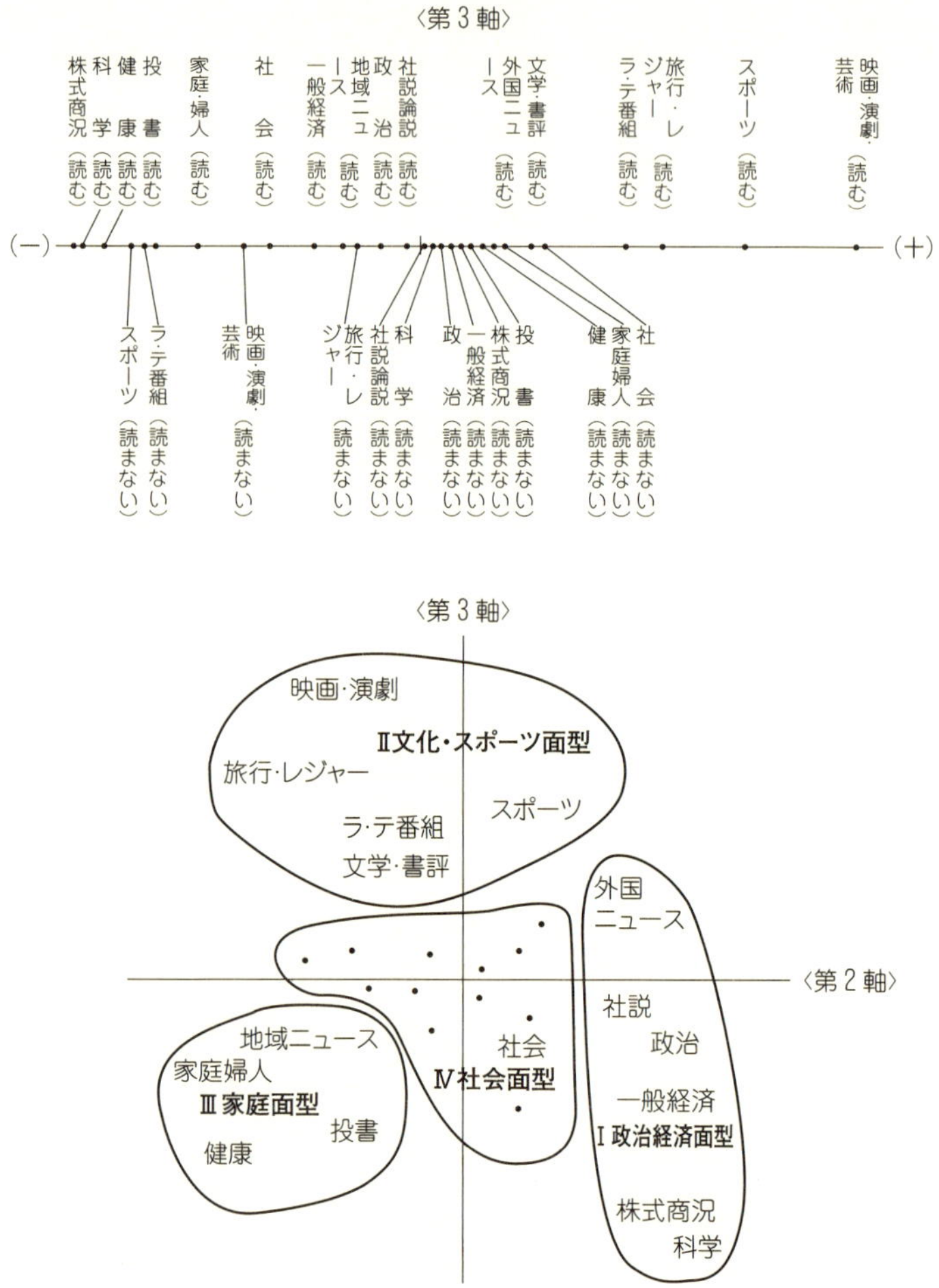

（注）「読む」は記事の種類を文字で表記、「読まない」は ● で位置のみを示した。
（『マスコミと「生活」』より）

こうした分析がどう役立つかはむつかしいところだが、同じ意見でも「社説」と「投書」では離れているとか、「投書」「健康」「地域ニュース」は近いとか、ということが、新聞の紙面のあり方を考えていく上で参考になったということであろう。

8　クラスター分析

クラスター分析とは、対象なり、項目なりをグループに分けるということである。コンピュータを使った方法が確立されている。

その原理は、グループに分けたい対象なり、項目なりの、それぞれの間の距離を計算し、近いもの同士を合わせ、最終的にグループに分けるのである。それぞれの間の距離の計算は容易ではない。対応が二つなら距離は一つ、三つなら三つだが、四つなら六つ、五つなら一〇と次第に増える。数が多くなれば膨大になる。次に何をもって距離とするかである。数値であればそのまま使えるが、単位の問題がある。データが多数の場合、それをどうするかという問題がある。そこでよく使われるのが、数量化Ⅲ類を行ないその軸を使う方法である。これだとデータが質であっても数値になる。何軸まで使うかということがあるが、四ないし五軸ぐらいまで使うことが多い。直角三角形の定理、「斜辺の二乗は底辺の二乗と垂辺の二乗の合計と等しい」を用いれば、軸はいくらでも一つの距離に直せる。

グループに分けていく方法には、山登法と階層法があるが、説明は省略する。

クラスター分析を使って行なったライフ・スタイルの調査の例をII部14章で簡単に紹介したので、参照してほしい。

最後に私の経験を述べておこう。贈答品についての総合調査をしたことがある。贈答品に使われる商品をいくつも挙げて調査をし、その調査結果でクラスター分析をしたのだが、うまく分かれなかった。「一つとその他」、「一つ、一つとその他」というように分かれ、グループには分かれないのである。考えてみれば、もともとグループに分かれていないものをグループに分けることに無理がある。分かれなかったというのも一つの結論で、私はそれを「星雲状態」と呼んだ。中心が密でその周りにみんな集まっている状態である。切れ目はない。星がいくつものまとまりがあるような「星座状態」なら、クラスター分析で分かれてくる。

多変量解析で気をつけてもらいたいのは、うまくいったいい事例が紹介されているきらいがあるが、いつもそううまくいくとは限らないということである。もう一つは、無理やり計算で分けても事象の方はそうなっていないという場合があることである。コンピュータによる計算・処理を過信することを戒めておきたい。

21章　表現・伝達の技法

統計調査には大変な困難があり、また多大な労力を要するものである。それだけに、調査結果が得られる過程に目が向く。それは事例調査にも当てはまることであろう。優れた調査が困難にぶつかることなしに、あるいは多大な労力を必要とせずにできることはまずないから、困難と労力に目が向くのは当然であるが、気をつけなければならないことは、困難や労力の大小が調査の価値そのものには直結しないということである。

もう一つの側面もある。報告書が立派だと立派な調査と見られがちである。報告書の内容がよければそれはよい調査ではあるが、報告書の厚さや数表の多さや観察したことの多さは調査の価値に直結しないということも指摘しておきたい。

社会調査はどう実施されたかということだけでなく、それがどう使われ、どう役立ったかという方にも目を向けるべきではないか。社会調査は多くの人たちのさまざまな活動の総合である。それは関連する「情報」も多種多様である。どのように集められたかも重要ではあるが、どのように加工して伝えられたかも非常に重要である。社会調査のデータの保存と伝達の問題を考えてみる。

1　社会調査情報

統計調査は、対象とする社会あるいは社会集団から情報を収集し、加工し、解釈する活動である。その過程はさまざまな情報で満ち満ちている。統計調査に携わる人は、それらの情報すべてに関心を持つべきであるし、統計調査を利用する人も、自分が利用しているデータはどういうものかを理解するために、統計調査の過程の情報を知っている必要がある。

私は、とりあえず**「社会調査情報」**と呼んでいる統計調査の過程の情報を五つに分けている。「仮説情報」「実査情報」「加工情報」「解釈情報」「表現情報」である。以下に順次説明していきたい。

「仮説情報」とは、現場でデータを収集する前に、調査企画者が持っている情報である。Ⅲ部20章で出した出世魚を思い出してもらいたい。ブリという出世魚のとらえ方を関東流に四段とするか、関西流に六段にするかで、得られる情報は異なってくる。分類はデータを収集して決まるのではなく、調査以前に決まっているのである。何を調査するか、どのような視点で調査するか、どのように調査するかで、得られるデータは異なってくる。特にここでは質問文と選択肢の重要性を指摘しておきたい。調査に用いた枠組みともいうべきものが仮説情報である。

「実査情報」とは、調査員がフィールドに出て得られる情報すべてである。質問に対する回答はもちろんその中心だが、目、耳、鼻など五感で感じ取ったすべてが含まれる。調査票のうえでは「ハイ」であっても、「もちろんハイです」「私的にはハイです」「うーん、ハイかな」「……ハイにしておいてください」まで、すべて「ハイ」になってしまう。もちろん、そうした微妙な反応は切り捨てないと先へ進めないし、微妙な反応が必要な場合は尺度型の回答にすることはできる。だが、それはある程度である。「実査情報」を大切にする方法としては、**調査員判定**の質問項目を設けること、調査員にフィールドの報告書を出してもらうということがある。また、Ⅲ部18章6でも述べたように、私たちはかつて**三位一体の調査**と称して、調査企画者がたとえ一票でも二票でも調査員にもなってみる、原票からの集計に携わる、ということを提唱したことがあるが、調査によっては三位一体の調査は有効な方法である。

「加工情報」は、コーディングをし、集計をし、諸手法を使って処理することである。まずコーディングである。プレ・コーディングは「仮説情報」に入るが、アフター・コーディングは「加工情報」に入る。どの質問とどの質問をクロスするかといったことも「加工情報」である。人間的要素が入り込みにくいと思われるが、コーディングの仕方とか、クロス集計の設計などはそうとも言えない。

「解釈情報」のあり方については、調査によって、人によって、立場によって異なるであろう。集計結果、分析結果になんの注釈もつけないのが調査を実施した人間のとるべき態度だという人もいるし、調査結果をよく見、そこから何かを引き出すことこそ調査を実施した人間の責務だという人もいる。どちらが正しいかを論ずる前に、マーケティング・リサーチの場合を考えてみたい。マーケティング課題があるとしよう。そのマーケティング課題を抱えているマーケターと、調査の依頼を受けたリサーチャーとの共同作業になる。調査データの解釈を考えたとき、マーケティング課題をよくわかっているマーケターがやるべきだという考えと、調査をよくわかっているリサーチャーがやるべきだという考えとの、二つの意見がありうる。共同作業が望ましいのだろうが、マーケターは調査のことがよくわかっていた方がよいし、リサーチャーはマーケティング課題をわかっていた方がよい。私は、行き過ぎてはよくないが、調査を実施した人はなるべく解釈にかかわるべきであると思っている。統計資料作成を目的とした調査はともかく、課題解決のための調査では当然である。「解釈情報」にかかわるから「仮説情報」段階でも真剣に考えるのである。

最後に**「表現情報」**である。統計調査は、調査を行なった人が自分だけで利用することはまれであろう。調査結果は第三者に伝えられていく。その場合、関係のある相手にという場合もあれば、不特定多数にということもある。いずれにせよ、そのために調査データは伝えやすくされる。「仮説情報」「実査情報」「加工情報」は後方に押しやられ、「解釈情報」にもとづいて、伝えられるための情報に変質される。それが「表現情報」である。「表現情報」とはどういうものか、それになるためにさまざまなデータがどう処理されたり整理されたりしてきたか、ということを意識して「表現情報」に接することが大切である。不特定多数の側の人間が、接するのは、この「表現情報」になるのである。社会調査データを正しく見る能力、**リサーチ・リテラシー**の必要性が最近言われるようになってきたが、この表現情報のリサーチ・リテラシーは非常に大切なのである。

2　表現情報の形態

統計調査の表現情報はどのような形態をとるかを考えてみたい。表現情報の形態ごとに特性があることを理解してもらいたい。

まず**「実数」**である。社会統計では日本の人口はとか、生活保護世帯は何世帯といったように実数が使われるが、統計調査の結果の表現としては実数が使われることは少ない。国勢調査のような頭数え調査、あるいは調査したい対象がもともと小さい場合に使われる以外は、実数はあまり使わない。

では何が使われるかというと**パーセンテージ**ある。データを読み取りやすくする（五一八人中三六人というより七パーセントという方がわかりやすい）、あるいは大きさの異なる集団（調査）のデータを比較しやすくする、という効果がある。統計調査のデータは、実数でなくパーセンテージが圧倒的に多い。

パーセンテージで表現された数字は見慣れているので、あまり深く考えずに見るであろうが、統計調査のパーセンテージで気をつけるべき点がいくつかある。まず第一は、何を**母数**にしているかである。例えば「野球をする人六〇パーセント」という場合、調査の対象になった人全員を母数として六〇パーセントという場合も、スポーツをする人のなかで野球をする人が六〇パーセントという場合もある。「そんなことはわかっているさ」という人にあえて言いたい。答えなかった人（無回答）を入れたパーセンテージが使われている場合と、答えなかった人をはずしたパーセンテージが使われる場合がある。問題なのは、調査できなかった人も入れたパーセンテージが使われることはまずない、ということである。時と場合によっては**有効回収票**でなく、調査できなかった人も含めたパーセンテージが使われるべきではないかと思う。

パーセンテージのもう一つの問題は、クロス集計の場合のパーセントをどう算出するかということである。次ページに見るような形式が最も一般的であるし、見やすい。合計の値をまず出す。サンプル数を示す。パーセントを比較できるようにする。

パーセントの表示について自説を述べさせてもらう。統計調査の結果にはサンプリング誤差が含まれる。調査対象者数が少なくサンプリング誤差が大きい場合は小数点以下は使用すべきでないと主張する人がいるが、私は反対である。調査結果がどの程度正確であるかの判断は調査結果の見方の問題であって表示の問題ではない。小数点以下を表示しないということは、その数字が実数なのかパーセントなのか判別しにくい。小数点以下がついていればパーセントだと判別できるので、そのような自然な見方をあえて放棄する必要はないと私は思っている。

数字で表現されるものは実数とパーセントだけではない。**相関係数**であるとか多変量解析の結果だとかもある。手法とその意味について、調査をする側も調査結果を見て利用する側も正確な知識を持つことが要求される。

実数、パーセント、係数といった数字の次はグラフである。**グラフ**は数字データを視覚的に見や

図表 21－1

質問　私たちはこんな生活を送りたいという希望をもっていると思います。ここにあげてある生活のなかで、あなたの希望にいちばん近いのはどれですか。

分類 ＼ 項目		サンプル	1 何でもそろっていて便利で豊かな生活	2 その日その日を愉快に楽しむ生活	3 自分のやりがいのある仕事に打ち込む生活	4 和やかな平和な家庭で暮らす生活	5 世の中の為になる事をする生活	6 不明
合計		534	4.7	20.6	31.1	39.1	4.3	0.2
性年齢	男小計	266	6.0	21.4	40.2	27.1	4.9	0.4
	18～24歳	52	9.6	30.8	44.2	13.5	1.9	
	25～34歳	81	6.2	21.0	40.7	29.6	2.5	
	35～49歳	90	4.4	14.4	44.4	28.9	7.8	
	50～65歳	43	4.7	25.6	25.6	34.9	7.0	2.3
	女小計	268	3.4	19.8	22.0	51.1	3.7	
	18～24歳	45	2.2	13.3	24.4	57.8	2.2	
	25～34歳	82	2.4	15.9	25.6	54.9	1.2	
	35～49歳	91	4.4	24.2	19.8	48.4	3.3	
	50～65歳	50	4.0	24.0	18.0	44.0	10.0	
学歴	中学卒	127	3.9	27.6	22.8	41.7	3.9	
	高校卒	264	4.5	18.6	25.8	46.2	4.5	0.4
	短大・大学卒	139	4.3	18.0	49.6	23.7	4.3	
	不明	4	50.0	25.0	25.0			
自職	事務・技術	108	5.6	19.4	41.7	31.5	1.9	
	労務	116	4.3	28.4	23.3	39.7	4.3	
	自営	73	2.7	15.1	43.8	34.2	4.1	
	管理・自由	38	5.3	10.5	36.8	36.8	7.9	2.6
	学生	29	6.9	17.2	51.7	17.2	6.9	
	主婦	152	4.6	20.4	19.1	52.0	3.9	
	その他	18	5.6	27.8	22.2	33.3	11.1	
年齢	～139万円	121	3.3	28.1	28.9	35.5	4.1	
	140～299万円	213	4.2	18.8	31.9	40.8	4.2	
	300万円以上	122	5.7	14.8	37.7	37.7	4.1	
	不明	78	6.4	23.1	21.8	42.3	5.1	1.3

(『マスコミと「生活」』より)

日本新聞協会で共同作業でつくった表を参考にかかげておく。タテにするかヨコにするかは報告書のスタイルやスペースの関係で決めればよい。層ごとのサンプル数を示し、それを100としたパーセンテージ表示が見やすくてわかりやすい。

すくしたもので、実数あるいはパーセントといった数字と同じものである。だが、数字とは異なった訴え方をする場合がある。次節で詳しく述べる。

グラフと似たもので**図解**もある。数字やグラフ、文章では表現しにくいものを図で示す場合がある。統計調査の結果を図解する効果が高い例として、階層を図示するものがある。図示することによって、調査結果と階層についての理論とを融合するということも可能になる。ただし、図示することによって調査結果以上に分析者の考えを打ち出すことになることに注意しなければならない。二項目を使って四つのタイプに分けることも統計調査では多いが、どのような考えでタイプ分けされたかは図示して見せるのがいちばん簡単である。統計調査の場合はグラフを重ねるとか、関係を矢印で示す、重なる円を使用する、といったことも図解である。事例調査の場合には、ＫＪ法に代表されるように図解は非常に有効であるし、場合によっては不可欠でさえある。

どの程度使うかは別にして、調査結果の表現に文字文章は不可欠である。案内的な文章、補足的な文章、解説的な文章、調査結果のエッセンスとしての文章、などである。言葉による表現については、4節で述べることにする。

3　グラフ

グラフは数字を視覚的にしたものである。だから、数字と同じものであると普通は思う。よく使用されるグラフは棒グラフ、折線グラフ、円グラフ、帯グラフである。よく知られているものなの

図表21－2

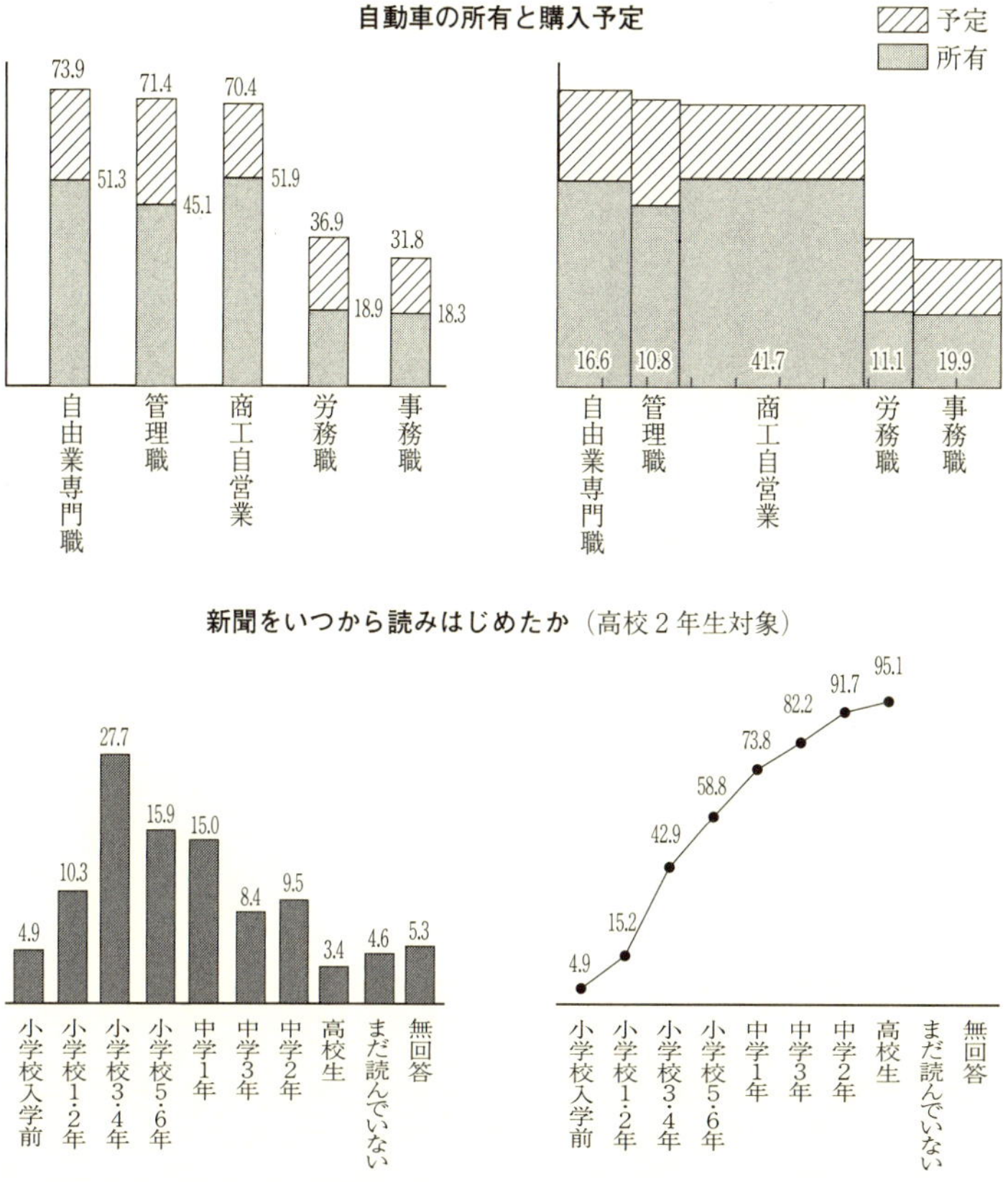

上の図はずいぶん昔の自動車市場についての調査である。棒グラフでは3つの層（自由業専門職、管理職、商工自営業）が同じに見えるが、面積グラフにすると商工自営業のマーケットがかなり大きいことがわかる（面積グラフの横軸は層の比率を表わす）。

下の図は毎日新聞社の学校読書調査のデータである。累積度数グラフ（右）で見ると、いつ頃、何パーセントの子供たちが新聞を読んでいたかがわかる。

で説明は省略する。数値を尺度上に表示したり、二次元空間、三次元空間に点をプロットするということも、わかりやすく表現する方法としてよく使われる。

数字をグラフにするのは見やすくするためであるが、グラフを工夫することによって非常にわかりやすくなることがある。簡単なことであるが、グラフの技術の例として二つ紹介したい（図表21‐2）。

一つは**面積グラフ**である。棒グラフが一般的だが、棒グラフは単純集計の結果の表示である。面積グラフは横軸に、それぞれの層の大きさで幅をとる、これを面積グラフにするとクロス集計の結果の表示になる。視野を広げる効果があり、多用すべきであると考えている。

もう一つは**累積度数グラフ**である。これも棒グラフで表わされるものを累積し、折線グラフで描く。その曲線の形が一目瞭然である。累積していく意味のあるものについてだが、棒グラフでは読み取れないものが見えてくる。

統計調査の結果をグラフで表示する。それは見やすくするためで、どのような場合はどのグラフを使うか、すなわち棒グラフ、折線グラフ、円グラフ、帯グラフを的確に使うことをまずやるようにしたい。次に面積グラフや累積度数グラフなどをうまく使うようにしたい。これは重要なことである。

折線グラフは誰でも知っているグラフの一つであるが、**半対数グラフ**というものを紹介したい（図表21‐3）。

図表21－3　A市、B市、C市の人口の変化（単位万人）

Ⅰ図　通常の目盛りによる対比　　**Ⅱ図　対数目盛りによる対比**

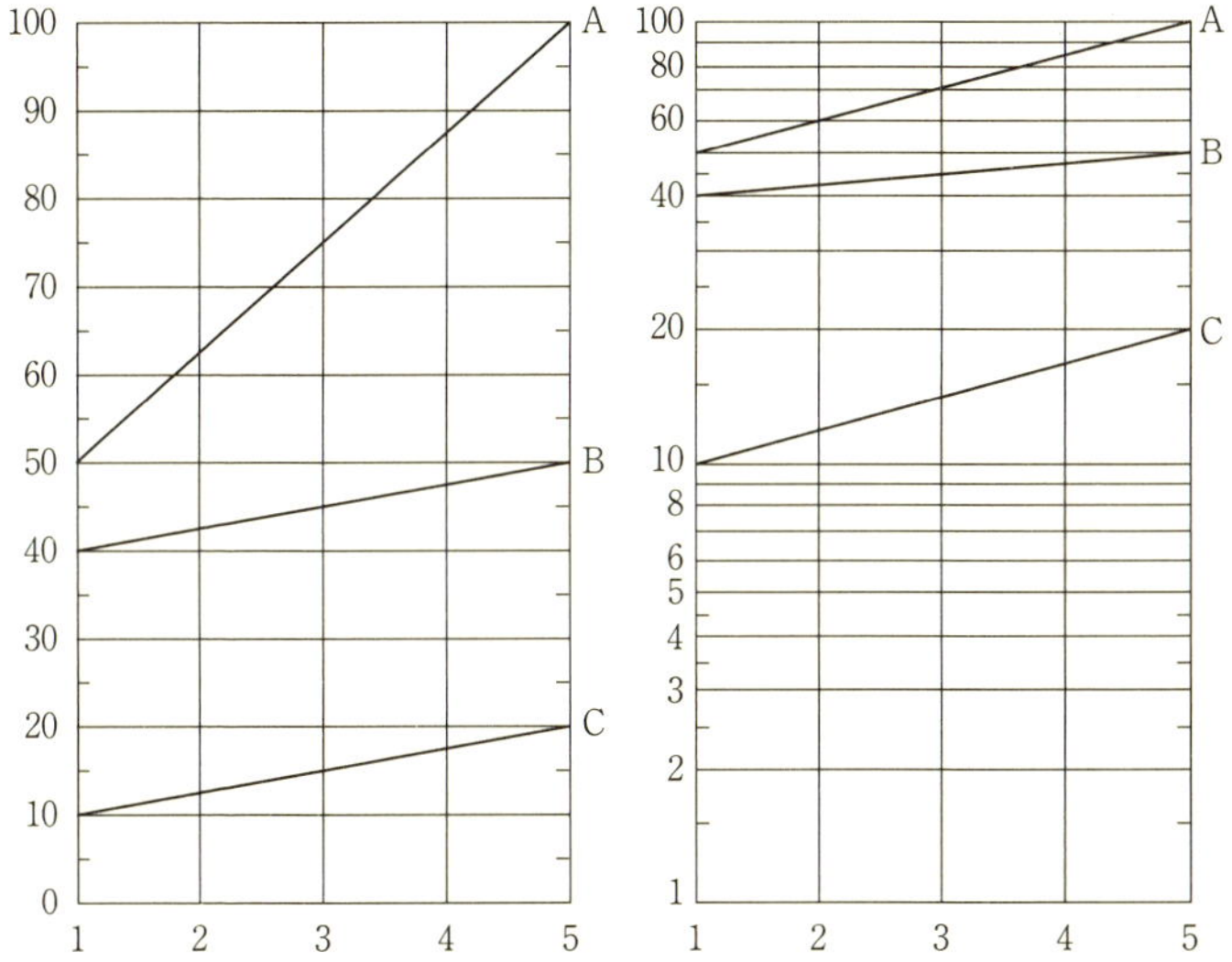

上のグラフは、A市、B市、C市の人口の変化のグラフである。通常は左のように示される。右は対数目盛りを使ったものである。左のグラフではB市とC市は同じ数が増えて同じように見える。右のグラフは、人口の伸び率が同じA市とC市の傾斜が同じになっている。右のグラフの方がいいとは思わないが、左のグラフも事象の一面を見せているにすぎないと知る意味では、知っておいてよいのではないか。

A市、B市、C市と三市あり、それぞれの人口が五〇万から一〇〇万に、四〇万から五〇万に、一〇万から二〇万に増加したとする。折線グラフで表示すればⅠ図である。半対数グラフというのはタテの目盛りを対数尺にする。二〇となるところが一〇〇、三〇となるところが一〇〇〇になる。三市の人口を半対数グラフで表示するとⅡ図になる。Ⅱ図を実際に使うことはあるまい。だが、よく見てもらいたい。Ⅰ図の線の角度は増えた人口の量を表わしており、Ⅱ図の線の角度は増加率を表わしているのである。不自然なグラフにも一理ある。Ⅰ図では見えにくい増加率という事象の一面が、Ⅱ図では静かに見えてくる。事象を見やすくするためのグラフだが、グラフは万能ではないことを忘れてはなるまい。

統計調査の結果から結論めいたことを強調したいとか、あるいはその結果をPRに使いたいというときに用いられるグラフには行き過ぎのものもある。ダレル・ハフはそれを**ビックリ・グラフ**と呼んでいる(『統計でウソをつく法』)が、そのビックリ・グラフにだまされないようにしたいものである。どんなものがあるかというと、棒グラフであまり差がないときに、中間をカットし頭の方の差を強調する、棒グラフの棒に代えて何か立体(それにちなんだもの)を持ってくる。高さの差で表わしているのだが、立体の体積では二倍が八倍になるのであるから実際の差より大きく感じることになる。

グラフを使うのは統計調査だけではないが、正しく表現するという立場からのグラフの研究が必要であろう。

4　言葉による表現

統計調査の結果は数字であることが普通であるが、言葉・文章もいろいろなところで使われる。それをすべて論じることはできないが、いくつかの点について考えてみたい。

第一は、その調査がどのように行なわれたかの表示である。なるべくコンパクトにとか、必要最小限にというのは共通して言われることである。しかし、その割には工夫や配慮がない。略号や短縮があってもいいのではないか。もう一つは用語の統一があまりにもない。電話法のときのサンプリングでＲＤＤ（ランダム・デジット・ダイヤリング）とＲＤＳ（ランダム・デジット・サンプリング）が使われているが、区別が要るのかと思う。もう一つは、どのように調査が行なわれたかを常に表示するわけにはいかないが、どういう場合は省略してもよいというルールがない。文章主体のなかでの引用とか、有名な調査の一部引用など、パターン化は可能ではないかと考えている。調査の行なわれ方を簡略に表示するルールができて使われるようになればよいとも思っている。例えば、カッコ内に対象・有効回収数・調査時期のみを表示するといったようにである。

第二は、**調査のタイトル**である。これは各自が自由にしてよいのだが、調査データが社会に流通するときの名称であるということを意識してもらいたい。往々にして調査を行なうための名称の方の意識が強すぎるのではないか。調査を行なうときは茫洋とした名前がよく、発達するときは内容を明確に示す名前がよい。両方にいいようにというのはむつかしいが、工夫してみるべきである。

なお、調査名の表示に一言触れておきたい。固有名詞であることを強調するために一重カッコ(「　」)を使用することがよくあるが、私はこの本でも、『世論調査で社会が読めるか』でも、有名な継続調査には著書や定期刊行物と同じように二重カッコ(『　』)を使用した。そうしたルールの方がよいのではないかと思っている。

第三は、数字の評価の表現である。自由でよいというのも一つの考えだが、「強い相関がある」「相関がある」ではどう違うのかといったことにある程度共通の了解があるのに、数字を過大に解釈していることがある。つつしむべきである。

第四の問題は、表やグラフに添えられる説明文に見られる傾向である。「右肩上がり」といったグラフを前提とした表現がまかり通っているが、言葉は言葉の世界のルールで表現されるべきであろう。グラフをなぞるような表現は思考を弱めると言っておきたい。

第五は**ネーミング**である。調査で使用された質問文や選択肢はそのまま使われるのが本来であろうが、それでは長すぎるので短くした呼び名を使うことが多い。クラスター分析であれば、コンピュータから出てきたのは「クラスター1」「クラスター2」なのだが、それではよくわからないので各クラスターに名前をつける。それがダメとは言わないが、つけられた名前が一人歩きしてしまうのはまずい。簡単な質問の結果をすぐに、「○○派は……、××派は……」と言うようなことが過ぎてはいけない。

5　報告書と著書

調査は何らかの「報告書」という形を一度はとるのが普通である。数表だけであったり、磁気テープに収められたデータベースであったり、グラフが多用されたものであったり、長い文章のものであったりするが、いずれにせよ、「報告書」という形をとる。しかしそれでは仲間内で終わる作業にしかならないであろう。

社会に大きな影響を与えた社会調査は、それが統計調査であれ、事例調査であれ、著書というスタイルをとっているのがほとんどである。なぜか。社会調査が持つ意義は、社会統計を作成する、あるいは継続調査のように社会をとらえてみせるということもあるが、社会調査の結果が人間の思考を経て、社会についての見方や法則を見つけそれを提示することにもある。そうした見方や法則が力を持つには、それが「体系」としての重みを持っていなければならないし、そのためには「書物」の形をしていなければならない、と私は考えている。「一言」や「一つの考え」が人を動かしたり社会を動かしたりするが、それはその一言や考えがバックに知の体系を持っているからである。

膨大なエネルギーを使う統計調査もその結果が著書になることで完結する。それを忘れてはならないのではないか。

社会調査は、一つ一つが価値をもつことは言うまでもないが、いくつかが集められるといっそう価値が増す。『ヒューマン・グループ』のように二次分析を行なえばさらに価値を増すが、集められただけでも意味はある。そのような作業も社会調査の過程のなかに加えられてしかるべきだと思う。たまたま私が読んでよかったと思う本をいくつか紹介しておきたい。『マス・コミュニケーションの社会学』（藤竹暁著、竹内書店一九七二年）、『社会心理学ショート・ショート』（岡本浩一著、新曜社、一九八六年）、『世論調査による同時代史』（西平重喜著、ブレーン出版、一九八七年）、『実践フィールドワーク入門』（佐藤郁哉著、有斐閣、二〇〇二年）など。特に事例調査や実験は、まとめられるとその意義が非常に高まると指摘したい。

6　データベース

データバンクということがかつて言われた。意味は二つあった。一つは調査データを集め保存することである。図書館、博物館、美術館、文書館、フィルム・ライブラリーがあるが、社会調査のデータはどうなっているのか、という問題から社会調査の結果（報告書）を保存することをデータバンクと呼んだ。

数字は伝わりやすいし、書物や雑誌は図書館に保存されるから全く失われてしまうわけではない。だからそう深刻ではないが、それは表現情報のみが引き継がれるということである。私は調査データがなんらかの形で保存されればそれでよいとは考えない。社会調査で使われた原票をすべて保存せよなどとは言わないが、この調査はこういう調査票で調査されましたといった見本は現物も保存すべきである。集計に使った手づくりのカードや、今や忘れられたパンチカードやソーター、そこから打ち出された集計表などである。どういう方法でどのようにしてということを検討せねばならないが、一部は博物館的な視点で保存されるべきではないか。調査データそのものをデータベースで保存公開しようというものに**データ・アーカイヴ**がある。日本でもようやく一九九八年に**ＳＳＪＤＡ**が設立された。それを利用して三次分析を行なうことができる。

データバンクのもう一つの意味は、**多目的調査**である。広告代理店やマスコミ（テレビ局）が大規模な対象者について、属性、マスコミ接触、使用商品、生活スタイル、ものの考え方など、多項目について調査をし、データベースの形でコンピュータに保存する。そして、その都度必要な項目だけを集計して利用するのである。宣伝をする場合の媒体計画などの参考にはなる。だが、真剣にことを行なおうとすれば、多目的な調査、別の言い方をすれば目的が稀薄なままに行なわれた調査、を利用するだけでいいのかという批判もある。

もう一つの新しい流れは、**ＪＧＳＳ**（日本版総合的社会調査）である。二つ目の意味のデータバンクの学者用版である。多項目の調査を実施し、データベースの形で利用に供する。実証研究をしたいが実際に調査を行なうことができない若い学者や学生に、実証研究の機会を与えようというものである。このＪＧＳＳから多くの論文が書かれている。このような調査資料があることはよいことである。だが、企画から分析まで一貫して行なわれてこそ調査なのに、データベースの再集計で実証研究というのは、積極的には賛成できない。実査（フィールドワーク）も経験してこそ実証的研究であるということを忘れるべきではあるまい。実証研究をしたいがなかなかそのような機会がないという若い学者のためにＪＧＳＳがあることはいいとして、統計調査が行なわれたら、著書という形で社会調査情報の全貌をなるべく詳細に発表するようにすることが多くの人に実証研究を実感させる機会をつくるという意味で大切なのではないか。また、これから研究の道にすすむ人たちはこれまでの社会調査の秀れたものを見るということを重視すべきである。統計調査の歴史を詳しく学ぶ意義を強調したい。これまでの調査をホマンズのように再分析する実証研究はＪＧＳＳよりもずっと高度な実証研究になるということもつけ加えておきたい。

コンピュータの発達、通信手段の発達は、統計調査の表現情報を著しく変えた。データはオンラインで送られ、データベース化した調査結果を必要に応じて使用するということが当たり前になっている。そうした便利さがすすむことに異存はないが、統計調査のすべてがそうなってしまってよいということではない。「加工」「解釈」「表現」ということは調査する者にとっても重要なもので、それも社会調査論の研究対象になるべきだということに注意を喚起しておきたい。

Ⅳ　社会調査を考える

22章 「調査環境の悪化」について

社会調査が当面する問題

現在の日本は社会調査の実施が急速に困難になってきている。すべての調査が実施困難というわけではないが、これまで実施できていた調査もむつかしくなってきている。その現象も、その原因も、一つではない。いくつかの原因が複合して社会調査を直撃している。どんなことが起きているのか、五つ示す。最も大きな問題は、社会調査への対象者の協力が得にくくなったことである。調査を拒否する人が増えて**回収率が低下**してきている。「調査環境の悪化」という場合、通常はこのことを指す。それ以外に、二つ目に大きな問題となっているものが名簿類の非公開化である。具体的にいえば、サンプリングの台帳として使用してきた住民基本台帳とか選挙人名簿とかの閲覧が制限されてきたということがある。この問題に拍車をかけたのが**個人情報保護法**である。民間での名簿の作成や使用も非常に不自由になったし、おまけに調査での「拒否」を助長する雰囲気をかもしだしている。三つ目は、**調査実施上の倫理の確立**である。これは外部の環境ではなく、調査業界が自ら確立しようとしているものである。調査なら何をやってもいいということではないから、当然のことであるし、良いことである。だが、倫理基準の内容をめぐっては議論の余地がなくはない。しかしながら、倫理基準は国際的に統一して定められるから、日本だけ変えるというわけにもいかないというむつかしい問題がある。四つ目は、調査の対象となる社会の現象の変化である。商品の種類の増大とか、ラジオ・テレビの小型化、パーソナル化などが典型である。五つ目は、悪化というよりは以前から悪かったというべきことだが、調査への理解が少なく、調査に正当な支出がなされないということである。

回収率の実態

社会調査の実施が困難になったということについては以上のようにさまざまな原因があるが、そのなかの回収率の低下について考えてみたい。

統計調査の回収率が下がったということを同一の調査で示したものはいくつか紹介されている。例えば、内閣府の「社会意識に関する調査」では、一九八〇年に二一・六パーセントだった調査不能が二〇〇〇年には三〇・七パーセントになっている。「国民生活に関する世論調査」では、一九七〇年に一六・三パーセントだった調査不能が一九九〇年には二三・七パーセントになっている。こうした回収率の低下の最大の原因は「拒否」である。前者の調査では、拒否は九・四パーセントが一三・二パーセントに、後者では二・四パーセントが八・三パーセントに増加している。二〇〇五年四月の個人情報保護法の施行は回収率に深刻な影響を与えていると新聞は報じている。「政府が行なう各種世論調査の回収率が、昨年四月の個人情報保護法の施行以降急落している。最近の五種類の調査では前回比いずれも一〇ポイント以上落ち込み、五〇パーセント台に低下した。内閣府は依頼方法や謝礼を工夫しているが、目立った効果は上がっていない」(『朝日新聞』二〇〇六年五月二四日)。

調査環境の悪化、すなわち統計調査の回収率の低下の問題は、その原因を求める前に、まず回収率の実態を知ることから始めなければならない。そこで問題なのは、回収率がどれぐらいか正確にはわかっていないことである。それは地点の選別と予備サンプルの使用を調査の現場が昔から慣習的に行なっていることがあるからである。

まず**地点の選別**を説明する。望ましい統計調査では、対象はランダム・サンプリング(どの調査対象も同じ確率で選ばれる等確率標本抽出)で選定される。その場合、大都市、中都市、小都市町村といったように層化しておいてそれぞれの層から地域を抽出する第一段階、地点を選ぶ第二段階、地点のなかで対象者を選ぶ第三段階、から成り立っているのが普通である。抽出という作業は機械的に行なわれるので、本来は変更の余地はない。ところが地点はさまざまで、調査に不向きなところもある。原野であったり工場地帯であったりして、対象とする人が住んでいないこともある。その場合、抽出された地点を無効にして新しい地点を抽出する。この方法の延長として、調査しにくい地点をはずして新しい地点を追加することがある。これは厳密にいえば問題である。調査しにくい場所をはずし、調査しやすい場所を追加するのであるから、回収率は上がる。

次に**予備（追加）サンプル**を説明する。一地点一〇人とする。その場合、サンプリングの段階で一〇人用意されればよいはずだが、一二人とか一五人とか数人余分に抽出してリストに書かれている。万一その調査地点で引越しが大量にあったりして調査できる人数が極端に少ない場合、その予備のサンプルを使うのである。建前ではサンプリング段階ではずされるべきものが混入していたときの予備なので問題はないのだが、現実には拒否が多いなどの場合にもその補充として使われている。予備サンプルを使うかどうかは調査員の裁量であることが多い。

私は、地点の選別や予備サンプルの使用が悪いとは思わない。良くないのは、調査を担当している人たちが慣行的に自己の裁量で行なっていて、ルールも統一されていなければ、どの程度行なわれているかもわからない、ということである。統計調査の場合、調査対象の選定の仕方、調査方法、回収率などが表示されるが、こと回収率についてはそのままは信じられないということである。東京で調査していた私は、ずいぶん前から悲観的であった。東洋大学の実習としての学生の調査であっても、留守四五パーセント、拒否三九パーセント、対象外二パーセントで、回収は一四パーセント（一九九八年）というのが現実にあった。マップ・サンプリングで世帯を抽出、事前接触なし、調査日は一日だけ、と条件はよくないが、拒否三九パーセントという数字はそれほど異常といえない数字ではないかと思う。調査会社に依頼したある電話調査では、電話番号のサンプリングをし、電話して応じてくれた家が「回収」となるが、三〇一のサンプルを確保するのに総ダイヤル回数は一二七〇、番号なしなどもあるが、拒否が一二六であった。調査主体が誰か、何のテーマか、調査方法はどうか、どのようにアプローチするか、で回収率は大きく異なるが、どのような場合に、どのような回収となり、実質的な回収率はいくらぐらいか、ということをまず明確にする必要がある。

地点の選定や予備サンプルの使用がどの調査でも行なわれているのか定かではないので、実質的な回収率が何パーセントぐらいなのかは断定できない。だが、公表されている表の回収率で見ても、個人情報保護法施行以降さらに大幅に低下している。新聞で伝えられたところでは十数ポイントも低下している。

ここで考えなければならないことは、回収率低下の問題がすべての調査で起きているわけではないということである。部分的な問題であるにもかかわらず全体的な問題だと考えていたずらに問題を大きくし、深刻になりすぎることはない。回収率の低下がどのような調査でどのように起きているのかを正確に理解し、対処の仕方を考えることが大切である。

調査に二つのタイプ

何が何でも回収率を高めるとか、回収率が高くなければ調査として意味がないと考えるのではなく、調査は正しく使えば一定の意義はあると考えるべきである。こうした私の主張に違和感を覚える人もいるであろう。違和感を覚える人は、調査には二つのタイプがあることを理解してほしい。Ⅲ部17章でも述べたように、それを私は、「漁業資源調査型調査」と「魚群探知型調査」と名づけた。前者は海に棲む魚類をすべて調べるものであり、後者は把握したい対象を見つけるものである。国勢調査は前者であるが、マーケティング・リサーチは後者が多い。世論調査は前者であろうと思われるかもしれないが、投票率が下がってきている選挙での予想のための世論調査では後者に近くなっていくかもしれない。

「**魚群探知型調査**」では調べたい対象をとらえればいいのである。街頭リクルートという調査対象者のとらえ方とか、愛用者カードを利用するなどの応募法による対象者の獲得も有効である。このような調査は調査のタイプが異なるのだということで理解すべきである。「魚群探知型調査」では「サンプリング誤差」とか「回収率」は重要な問題ではない。テーマに合った対象が確保されたかが重要なのである。問題は「魚群探知型調査」だけでは不十分だということである。どのような分野の社会調査であれ、そしてそのウェイトの大小はともあれ、「漁業資源調査型調査」も必要であるということである。

「**漁業資源調査型調査**」では対象者をどのように選定するかは厳密に行なわれなければならないし、「回収率」の問題は重要であるし、「サンプリング誤差」とか「サンプルの代表性」も厳しく問われる。調査環境の悪化は深刻な問題である。

回収率はどのような場合に高く、どのような場合に低いかを知るには**郵送調査**が都合がよい。郵送調査は相手のところに届くということでは門前払いはないし、応答してくれるかどうかは対象者しだいだからである。郵送調査の回収率についての研究は多い。ただ古くて現状に合わないものが多いが、回収率の問題を検討するためには参考になるので紹介する。

郵送調査の回収率は二〇〜三〇パーセントと言われてきた。だが、特別の努力をしないのに高い回収率の調査例はいくらもある。第一は反応の高い人たちが対象の場合である。懸賞に応募した人を対象とした毎日新聞社が行なった「ブライダル調査」では七五・二パーセントの回収率であった。基礎化粧品の使用テストでは、テストに応募してくれた人たちが対象で八九・〇パーセントであったと報告されている。第二は関心が高いテーマのときである。退職者を対象に退職後のことを調査した例では七四・〇パーセントであった。第三は調査する主体による場合である。続有恒はマンガについての意識調査を大学生対象に「名古屋大学教育心理学教室」名と「マンガの友社」(架空)名で行なう実験をし、前者は回収率が六四・〇パーセント、後者は三二・七パーセントという結果を得ている(続・村上編『質問紙調査』)。

特別の条件がなくてもさまざまな努力をすれば回収率は上がるという報告もある。読売新聞社の伊藤慧史郎は日本新聞協会の入選論文で、挨拶状を出す、催促をする、景品を抽選にする、などにより七〇パーセントの回収率が得られたと報告している。

郵送調査の場合、どのような工夫をすれば回収率はどうなるかはT・W・マンジョーニの『郵送調査法の実際』に詳しい。そのなかから、**謝礼金**についてのところを簡略に紹介する。謝礼についいては、品物とかチケットとかいろいろ考えられてきている。また一律でなく、抽選による高額の景品にすると回収率を高める効果がある、といったことは言われてきている。謝礼をお金にした場合はどうか。謝礼をしないよりはした方がよい、また、額は少ないより多い方がよい、ということになる。ただし、調査の回答にさく時間に見合った額まで上げると、「仕事としての依頼なら断わってもいいか」という心理が働き、協力しないことがあるという。また高額過ぎる謝礼金は、調査に不信をいだかせたり、何かよからぬことに協力すると思わせてしまうという。ただし、例外がある。医者や弁護士などが専門家としての立場で回答する調査の場合は、時給に見合った高額な謝礼金がよいという。興味深い内容である。多人数を調査する統計調査の場合は高額の謝礼は現実問題として考えられない。ただし、マーケティング・リサーチのグループ・インタビューとか製品テストの対象者は高額な謝礼金が通常だし、調査に協力してもらうために効果のある条件である。特定のハイクラスを対象とする調査の場合は、統計調査でも謝礼（お金とは限らず図書券のようなものが多い）は高いのが普通である。条件によっては回収率が高い場合はある、調査の仕方しだいではある程度回収率を高めることができる、調査によっては回収率を高める条件がすでに定型化している。

さて、本題の統計調査の回収率低下の問題に戻ろう。回収率の低下の大きな原因となっている「拒否」は、調査の入口で断わられているのであって、郵送調査の回収率アップの工夫が生きる可能性は低い。問題の深刻さがその点にあるといってよいのではないか。そこで、関係者が総がかりで次のようなことに取り組む必要がある。

必要な「拒否」の研究

まず、「拒否」する人たちの詳細な研究である。これはそう簡単なことではない。なぜなら、調査に応じない人たちであるから、「なぜ調査に協力しないのか」と訊くわけにはいかないからである。拒否にもいろいろある。とにかくドアを開けない人から、大声でどなりつけて拒否する人、「今てんぷらを揚げているから」と見え見えのウソで断わる人など。調査拒否という行動を一つの社会調査という小さな枠の中で考えず、どういう社会の、どういう人の、どういう行動か、ということを現代社会の研究の一環として考えてみることがまず必要である。

農村社会は調査に協力的だが都市型社会になると非協力的になる、という考え方を検討してみたい。現状の統計調査の回収率は、農村部は都市部より高い。だが、それをもって安易に農村は調査に協力的と決めつけるのは危険である。農村というのは外部に対して非常に警戒的である。外部の者をみだりに入れない。一方、上の意向には従う、あるいは皆で同一の行動をとる、という傾向がある。入れてもらえれば回収率は高いという反面、拒否される場合は全員に拒否される。調査にはそうした拒否もあるということを覚悟しておく必要がある。

調査環境を考える場合、なぜ拒否するかを考えるというアプローチもあるが、なぜ協力するかを考えるアプローチもあろう。なぜ協力するかを深く考えることが、社会調査を根本から考えることにつながると私は考える。協力する理由には「強制」「義務」「役割」「自己主張」「利益」「習慣」

「好意」などさまざまあろう。これらは私が頭の中で考えたもので、適切に分類・網羅している自信はない。だが、調査になぜ協力するか、調査および対象者ごとに深く考えることも、回収率の向上に道を開くと思うのである。

回収率低下への対策

回収率はできるだけ手立てを講じて高めなければならないが、結論からいうと、通常の調査ではそうは高まらない。現今の調査では、われわれが思っているよりも回収率はずっと低い。そこでとるべき道は三つである。

一つ目は、調査の手法を複数使って回収する率を高めることである。異なる調査方法による対象を同一とするのはよくない面もあるが、調査によっては使わざるをえない手である。私はかつて、新聞の購読状況を調べるのに、面接調査を主とした後、面接できない家には電話、それでもアプローチできない家には調査員が郵便ポストを見て購読紙を調べるという調査を試みたことがある。こうした方法は、全体像をつかむのに有効であると確信している。マーケティング・リサーチの業界では、これを**マルチ・モード・メソッド**として研究し始めている。

二つ目は、対象者を選んだ手続きを明確にし、どのような人々についてのデータであるかを常にわかるようにすることである。調査によっては全体でなく、特殊な人たちをとらえればそれでよいということも多い。

最後の三つ目は、社会全体についての、あるいは母集団たる集団についての正確な構成を確保しておき、調査で回収した対象者と全体との構成を比較検証することである。**ウェイト集計**によってデータを補正することも当たり前になっているが、これは技術を磨き上げれば有効である。そのためには社会についての正確なデータが必要である。

調査環境の悪化に対する対策として、一つ声を大にして言っておきたいことがある。それは社会調査を実施する人たちだけでなく、政府や国民が一体となって、どういう国をつくろうとしているかという観点から、社会調査の必要性を理解し協力する社会風潮をつくりだすことを心掛けるべきではないかということである。これは単に社会調査だけの問題ではなく、社会のあり方の問題である。そうしたことが果たして社会調査の環境を少しでもよくするかどうかは不明だが、なげやりになるべきではなかろう。

この章を終わるにあたって、社会調査の原点は何か、について改めて述べておきたい。「社会調査の目的は社会を認識すること」である。ということは、社会のなかの調査できた部分だけを知ればいいということではない。調査ができなかったところを少なくするのも当然だが、できなかったところがどういうところかも「調査」が得るべきデータなのである。調査への協力を拒否する人たちの像を現代社会の研究の一環として明らかにし、調査データの解釈に加味することが重要であることを指摘しておきたい。

23章　「国勢調査」について

近代センサスとは

「国勢調査」が社会調査に含まれることはまちがいないが、数ある社会調査のなかの一つではなく、特殊なものだという認識が大切ではないか。国家が国の基本的な状態を知るために人口などを調べる調査のことを英語では「センサス」と呼び、通常の社会調査を意味するソーシャル・サーベイとかソーシャル・リサーチとは別の呼称になっている。それだけ社会調査のなかでも特異なものと考えられているからであろう。日本ではセンサスという用語が「工業センサス」「農業センサス」というように日常的にそのまま使用されているが、人口センサスは指定統計第一号で、「国勢調査」と固有名詞で呼ばれている。その「国勢調査」（近代人口センサス）はどのような調査であって、どうあるべきか、ということを考えてみたい。

統治する権力者が支配地域のことを把握しようとするのは当然のことであって、人口を知るということも当然のことである。古代の国家がすでに人口調査を行なっていたことは間違いない。だが、今日の人口調査である「近代センサス」は古代国家の人口調査とは明確に区別される。その第一の理由は、古代の人口調査は支配者のためのものであり、人口についての資料は機密にされたが、現在の人口調査は近代に誕生した国民国家（領土国家とも呼ばれる）の運営上必要なものであり、その資料は国内に広く知らされるだけでなく、国際的にも公表されている、という違いである。第二は、古代の人口調査が行政機構を通じて行なわれたのに対し、近代人口センサスは社会調査の手法で行なわれる、という違いである。第三は、古代国家の人口調査は国家にとって必要な人たちだけを数えたが、近代人口センサスは領土内の人口をすべて数えることを原則としている、という違いである。

現在の国際社会は、主権、領土、国民を有する国民国家が並立することで秩序を維持している。ボーダレス社会になった、自治権を主張する地域が増えてきた、国家の連合体が誕生してきた、というようなことはあるが、「国民国家」「領土国家」が基本であることは崩れていない。そうした状況のなかで近代センサスは二つのことに配慮しなければならない。一つは、各国の資料が比較利用できるように国際的に基準を統一し国外に公表すること、もう一つは、自国の国内の運営や状況にうまく組み込ませる必要があるということ、である。

世界各国の近代センサスの実施の状況はまちまちである。最も基本的な人口調査が実施できない地域は多々あるし、先進国でも調査の仕方はさまざまである。日本のように調査員が行なうところもあれば、アメリカのように郵送が主体の国もある。驚くのは、広田・暉峻編『調査と人権』(現代書館、一九八七年)の序章で暉峻淑子が紹介している西ドイツの状況である。国家によるプライバシーの侵害との反対運動の結末を伝えている。「一九八三年の四月十三日、たまたま西ドイツ滞在中に、私は劇的な体験をした。国家統計の基本である国勢調査が実施される直前に、連邦憲法裁判所が執行停止の仮処分をしたのである。そのため国勢調査は来年以降にもちこされ、六〇〇トン、約二、三〇〇万冊の調査用紙を含む二〇〇億円近い調査費用がムダになってしまった。西ドイツにとって今回の国勢調査はじつに十三年ぶりのことであり、前年三月の国会は超党派でその実施を決めていたのにである」とある。若林敬子は『中国の人口問題』(東京大学出版会、一九八九年)で、中国共産党政権下で人口統計がないがしろにされた様に触れている。国家統計局長に一九五八年新しく就任した賈啓允は、「純粋に統計数字から出発することは、事実上政治的観点をもたず、プロレタリア的立場に立たない客観主義への偏向である」と演説、「中央統計機構の人員は、五二年の国家統計局設立時には六一一人であったのが、文化大革命期には一七人まで減少してしまった。八〇年には一九三人にまで増員したが、この頃の北京の統計人員のうち八割は専門的訓練を受けていないといわれた」。西ドイツや中国は極端な例ではあるが、近代人口センサスは、下からは「こんなことするな」と抵抗にあい、上からは人口数を正確に調べ発表するのは都合が悪いと押さえつけられる恐れがある。

日本でも国勢調査に対する風当たりが厳しかったことがある。反対運動の内容はさまざまであったのだろうが、集約すれば調査実施を否定するということではなく、①調査項目が不適当、②回収のときに調査票がむき出しのまま、③調査員が顔見知り、といったことが嫌ということであった。③まだ徹底はされていないが、②については封に入れて回収するということで解決の方向にある。③の顔見知り調査員については、調査員募集の困難さから解決はむつかしいが、②の解決によって収まっている。①調査項目はまだ問題は残っているが、何度かの改定で改善されてはきている。こうして反対運動は収まったが、最近深刻になってきたのは調査への非協力が増えてきたことである。回収率が二〇〇〇年は九八・三パーセント、二〇〇五年は九五・六パーセントとなっている。国勢調査にしてこの回収率の低下は大問題なのである。

国家の領土内の把握

近代の国民国家は、領土内に関して、国家にだけ認められる特別の権限が与えられると同時に、それ相応の義務も負っている。国際的には国民国家どうしのルールを確立し、相互に協力して共存している。人口の把握ということも、近代の国民国家ではこの枠組みのなかでその意義とあり方は考えられねばならない。日本の国内の問題としてだけに限られるが、以下に国勢調査のあり方を検討してみたい。

国家が領内について把握する基礎資料の第一は**領土**である。わかりやすくいえば**地図**である。土地の所有制度は社会体制によってまちまちである。かりに土地私有制度が大前提の国であっても、正確な国土の把握は国家存立の重要な条件である。「ここは私の土地だから、どれだけの広さか国には教えない、また調べさせない」というようなことがまかり通れば、国家がまだ確立していないということである。国勢調査はその基礎に領土に関するデータ、すなわち地図をもっていることをまず認識すべきである。その領土に**人口**がどう散在しているかを把握するのである。戸籍からの人口のデータと国勢調査による人口データとはその点の考え方が根本的に異なる。さて、領土、すなわち土地を調査の手がかりとして使用するには、自然による地形での区画もあるが、行政区域が最も一般的である。いわゆる住所である。**住民基本台帳**や**選挙人名簿**はここに該当する。一般的に調査地（調査対象）を選定するのには住所を手がかりとするが、国によっては郵便番号が使われる。日本の郵便番号は地名と同じようなものだが、国によっては建物にまで番号がふられているので有効である。全国をくまなく対象にしている民間企業では自社の営業所エリアというものもある。専売制度で戸別配達制度を維持している日本の新聞では、全国にくまなく重複なく新聞販売店の営業範囲が設けられている。統計データを活かすために緯度と経度で碁盤の目に細かく分けた地区とするメッシュというものもある。**メッシュ**というのは、普通の人は聞かないが小売業やサービス業ではよく使われる。人口およびその特性、販売額、さまざまな施設などが、メッシュに分けられてデータベースになっている。それを活用すれば、自分の商圏はどうかということがたちどころにわかる。細かく碁盤の目の中にあらゆる統計データが配分されているからそれが可能になるのである。地域を分ける具体的な方法はこのようにいろいろとあるが、国勢調査では全国を**国勢調査区**というものに分け、調査区ごとの人口を調べるという方法をとっている。この国勢調査区は区切りが明確で、かつ一人の調査員が調査できる規模に区切っているので都合がよい。一般の社会調査ではこの国勢調査区がサンプリングの抽出単位として活用されることが多い。国勢調査は、この国勢調査区を手がかりとして行なわれるところに意義があるし、国勢調査区そのものが他の調査に活かされているということをまず指摘したい。

国勢調査の方法

国勢調査の人口のとらえ方は、ある時点での国勢調査区内に居住する人々をもれなく重複なく数えることである。調査の仕方は世帯を単位とし、訪問して調査票を預け、記入しておいてもらって回収する、という**留置調査**である。調査技法的にいえば世帯を調査単位とした留置法である。全世帯を対象とするから「全数調査」とされることが多いが、判明している世帯を全部調査するのではなく、見つけながら全世帯を調査するのであるから**頭数え調査**と認識すべきである。そして頭数えがどこまで徹底して行なわれるかが重要である。現在でいえばホームレスとか不法滞在者とかも含めてどれだけ正確に把握されるかが重要なのである。それでこそ、戸籍などと関係のない、独立した国勢調査が行なわれる意味がある。

国勢調査の調査方法は留置法になっている。これは原則としてよいが、あらゆる手法を組み合わせるべきであろう。Ⅳ部22章で述べた「マルチ・モード・メソッド」である。国勢調査区内に居住する人たちをもれなく重複なく数えあげるということを目標とし、複数の調査法を同時に活用すべきである。ようやく郵送での回収やインターネットでの回答も検討されるらしいが、会えない人、会いたがらない人の調査も重視せねばならない。国勢調査区の地区情勢に合わせた方法をキメ細かく検討する必要がある。

実施する国側は**調査員の確保**に苦労している。一方、調査される側には顔見知りの調査員はいやだという心理的な理由があった。このことは、調査票を袋に入れて回収するということがほぼ実行されるようになり改善された。だが、それでよしというわけにもいかない。国勢調査は国家にとって重要な調査なのだという理解のもとで、徹底して調査員として協力してくれるボランティアの出現などをもっと期待すべきなのかもしれない。

国勢調査の方法が留置調査であることはすでに述べたが、回答の仕方が**マーク・シート方式**になっていて、エンピツでマークするようになっている。民間調査機関の感覚では、調査する側に都合よすぎはしないかと思う。普通のアンケート用紙方式のものも用意し、希望者にはそれでもよいとするぐらいの配慮はほしい。その後の手間を考えればマーク・シートが入力が簡単にでき、よいに決まっているが、全員に調査に協力してもらうということを最優先すべきである。

問題は調査票に盛り込まれる**質問項目**である。国勢調査の質問項目はだいぶん改善されてきてはいるのだが、二〇〇五年の調査でもまだ問題ありである。調査項目と質問の仕方について指摘したい。一つは家の広さを平米あるいは坪で答えさせるものである。はたして正確な広さを誰もが正しく記入できるのだろうか。住居形態とか間数の方がずっと回答しやすいのではないか。もう一つはどれぐらい働いたかという質問である。十月一日の調査で最近の一週間となっている。事実を正確にという教科書通りの質問かもしれないが、実態を調べるのにそぐわない質問である。例えばその頃は大学はずっと休暇中だったりもする。落語家は落語で「俺は何時間と書けばいいのだ」と言っていた。まずは、ともかく質問項目を少なくする。人を正確にリストアップし、年齢、性別、家族内の関係、最低限の住居形態ぐらいでいいのではないか。収入とか職業、学歴、宗教、それに所有する不動産や大型耐久消費財の所有状況など調べたくなるだろうが、国勢調査では欲張るべきではない。国勢調査の質問項目を極端に少なくするかわりに、私は国勢調査の結果から対象者を抽出した統計調査を国勢調査の一環として国勢調査のすぐ後に行なうことを提案したい。

国勢調査への七つの提言

この章を終わるにあたって、国勢調査はかくあるべしという提言を、統計調査を国勢調査の一環として実施するということも含めてさらにいくつかしたい。

第一は、**国勢調査区の有効活用**である。現状でそれほど不満があるわけではないが、研究の結果、地区をいくつかのパターンに分けることが可能ならば、国勢調査区の地区特性のパターンを調べ、国勢調査区を単位とした日本の国の姿を見るようにする。世帯や個人だけが観察対象の調査単位ではない。国勢調査区を調査地点の抽出に利用する上でも役立つであろう。地域で見ると個々の人間を見たのとは異なった社会の動きが見えてくる。人間はバラバラでいるわけではない。地域に住んでいるのである。日本列島にどう住んでいるのかを生態学的にとらえるということも重要ではないかと思う。また、その生態の変化も追うべきであろう。多くの人間と膨大な経費を必要とするだろうが、問題提起したい。

第二は、社会調査や戸籍からもれそうな人たちの**正確な頭数え**である。どのような人たちがいるかは時代によって異なる。国勢調査のたびに特別課題として取り組む。国勢調査への批判や反発をまねかないために、人数の把握だけでとどめねばなるまいとは思う。二〇〇五年の調査の実施が困難であったため、調査方法を変えようという議論があるが危険である。マルチ・モード・メソッドにするとか抵抗のない方法を採用するというのはよいが、対象がもれてしまうことで抵抗が少なくなったのでは、調査の質の悪化でしかない。国勢調査は一にも二にも三にも頭数え調査なのだと覚悟することが大切である。

第三は、**調査の仕方の改善・工夫**である。回答方法を複数認めてはどうかということはすでに述べた。人あるいは世帯がいることを確認したら調査票は手渡しがよい。手渡しができなければ郵送ないしはポスティングもやむをえない。回収は手渡しもよいが郵送でもよい。インターネットを希望する人にはそれも認めるべきである。回答の得られない人については聞き込みでよい。頭数え調査なのだから、「本人から調査票を回収する」ということにこだわらず、人数を正確に把握することにこだわるべきである。政府は二〇〇五年の国勢調査の回収率を深刻に受け止めて、郵送法への変更を考えているようだが、「頭数え調査」であることを厳守し、郵送は回収方法の一つと限定すべきである。

第四に、地区の**調査員を二人に**することを提案したい。ただでさえ調査員を集めるのに苦労しているのに非現実的と言われるかもしれない。また調査員に要するコストも大幅にアップするだろう。問題であることは認めるが、セールスの世界での連勧《れんかん》の効果というものにヒントを得てもいいのではないか。学生の調査実習は苦労させるためと票数確保のためあえて一人で行かせたが、「二人にしてもらえませんか」という要望はよくあった。単なる甘えでなく二人制の調査員のメリットはあると実感している。宗教の勧誘も複数でなされることが多い。戸口に立つ人が一人か複数かでは訪問された側の感じ方は大きく違う。また、聞き込みや目視による調査にも調査員は複数であった方がよいのではないか。要は、国勢調査をそこまでしてでも必要と思うかどうかである。

第五は、何度もいうが、国勢調査そのものの質問項目は極端に減らし、その代わり、一〇〇〇人に一人ぐらいを抽出し、国勢調査で調べたい項目を調査してはどうか。この調査ではフェース・シートはとるが無記名にする。社会調査のサンプリングが困難になっているし、また回収率が極端に低くなっている。そうした現状では調査で回収された標本の偏りを点検する基準になる資料がほしい。だが、国勢調査の質問項目を増やすべきでない。また、そんなに膨大な数を調べる必要もない。これを実行するためには法律の改正も必要になるが、五年に一回、一〇〇〇人に一人当たりに調査への協力を、国がお願いしてもよいのではないか。

第六は、国勢調査の必要性と協力依頼の**ＰＲ活動**をもっと積極的に行なうことである。国政選挙が行なわれるたびに選挙への呼びかけ、候補者の政見発表には膨大な経費が使われている。五年に一回の国勢調査の大々的なＰＲを是非行なってもらいたい。マスコミも自主的に協力すべきであろう。

第七は、国勢調査の結果は国民共有の情報である、また国際社会へ発信する基礎的なデータである、ということの確認である。調査の意義を研究する学者、評論家、あるいは専門ジャーナリストはどれぐらい日本にいるのだろうか。民主国家には三権分立のほかに多くの独立した機能がなくてはならない、国情についてのデータもその一つである、ということの理解がまず根底に必要であろう。一歩一歩ではあっても、日本という国の姿が正確にわかる統計資料、調査データを、社会のどの勢力からも独立したものとして持ちうる国にしていかねばならない。国勢調査を維持することはその第一歩である。

24章 「参与観察法」について

参与観察法を学ぶ

社会調査は大きく分けると統計調査（量的調査）と事例調査（質的調査）になる。そして事例調査の代表的手法として**参与観察法**がある。参与観察法による調査の代表的な例としては、I部2章で紹介したマリノフスキーの『西太平洋の遠洋航海者』と、ホワイトの『ストリート・コーナー・ソサエティ』とがある。前者は、マリノフスキーが西太平洋のトロブリアンド諸島に延べ二年間にわたり単身滞在し、現地に住み込み、現地語を覚えて、観察した記録である。後者は、アメリカのチンピラ仲間の集団にリーダーであるドックの友達ということで入り込み、観察した記録である。

参与観察法が優れた調査方法であることは疑う余地がないが、その手法の研究が十分なされてきたとは必ずしも言えないのではないか。「参与観察法」を『新社会学辞典』で見ると、「調査者自身が調査対象集団の一員として振る舞い、そのなかで生活しながら、比較的長期にわたって、多角的に観察する方法」とある。参与観察法のイメージとしてはおよそこのようなものではあるが、参与観察法によるという調査を個々に見てみると、実際にはもっと多様である。そこで、参与観察法という手法の重要な要件であると思われる「参加」と「観察」に焦点を当てながら、参与観察法という調査手法を検討してみたい。

だが、その前に一言断わっておきたい。私は**社会に迫るという行為**がすべてであると考えている。個々の手法はそのために必要だから使われるのである。手法が先にあるのではなく、社会に迫るという行為が先にあり、そのなかから手法は編み出されたり、工夫されたり、結果として定型化されたりしてきているのである。参与観察法とはこういうものだと型にはめたり、こういう姿でなければならないと言うつもりはない。茫洋とした呼称のために調査手法が論じられることの少なかった「参与観察法」を細かく検討することは、統計調査にとって学ぶべきものがあると思うのである。

参加とは何か

『新社会学辞典』の「観察法」の項には、**観察法**には統制的観察と非統制的観察とがあり、「後者はさらに、観察者が対象者の一員として参加しながら観察する参与観察と、観察者が部外者として観察する非参与観察に分けられる」とある。そして、「非参与観察は対象を刺激しないことに留意した方法であり、参与観察は、対象の主観的意味世界に沿って、全体関連的に理解することに留意した方法」と説明している。参与観察法はこれまで重要な手法として注目を集めてきたが、観察法は参与観察法と非参与観察法に分けられるという二分法で位置づけられたため、参与観察法における「参加（参与）」とはどういうことかということがあまり問われないできたのではないだろうか。

私は参加・非参加ではなく、**参加の度合**を考えるべきではないかと思う。ざっと考えてみると、①集団の完全な一員である、②メンバーとして加えてもらう、③集団のなかにいっしょにいることを許される、④集団に近づくことを許される、というように分けられよう。ホワイトの『ストリート・コーナー・ソサエティ』は②、マリノフスキーの『西太平洋の遠洋航海者』は③、である。ホワイトは、インフォーマントのドックとの関係でいえば研究者と観察される側という関係は明確だが、他の仲間とは少なくともしばらくは単なる仲間であった。マリノフスキーの場合は、南洋の島に白人が加わったわけであるから、快く受け入れられたとしても完全に仲間というわけではなかろう。①に該当する調査はそう多くはないであろう。ベッカーの『アウトサイダース』（一九六三年）に収められている「ダンス・ミュージシャン」はベッカーがバンドの一員であった体験にもとづくものである。ベッカーは調査のためにバンドの一員になったのではなく、アルバイトの経験を大学での研究に生かしたのである。鎌田慧『自動車絶望工場』（一九七三年）は自動車工場に季節工として応募した潜入ルポである。これらは①に該当する。④に該当するものとしては、ルイスの『サンチェスの子供たち』（一九六一年）、佐藤郁哉の『暴走族のエスノグラフィー』（新曜社、一九八四年）を挙げることができる。④に該当する調査は多いが、参与観察法の調査とは限らない。④の場合には、参加とみなしうる場合とそうでない場合とがあるといえよう。完全な部外者による観察の場合にも触れると、⑤観察者がいることが対象者に気づかれている場合と、⑥観察者が全く意識されない場合、とがある。参加の度合を六つに分けたが、参加と非参加の境界は④のなかにあるのではないかと思う。

観察者の調査対象への参加について佐藤郁哉は『フィールドワーク』で、ドナルド＝ルバインの「異人関係の類型」を参考にしながら、「理想的なフィールドワークというものは」「《ゲスト→寄留者→新参者》という変化のプロセスを経て、徐々に準メンバーとしての役割を獲得していき、現地の人々の生活に密着しながら調査を行なうのです」と述べている。また「すべてのフィールド調査がこのような形でうまくいくわけではありません。ある場合には、はじめから終りまで《侵入者》として敵意をもって対応され、そこに住みつく事さえできないことだってあります。また、別の場合には、いったん《新参者》として対象社会にとけこむことが出来たと思ったら、とんでもないヘマをしでかして一種の厄介者あるいは邪魔者の　マージナルマン　の役割に転落し、その苦労が水の泡になってしまうことだってあります」と続け、「フィールドワークを行なう場合には、異人としての自分の立場を認識し、自分がホスト社会の中で相対的にどのような位置にあるかを常にわきまえておかなければならない、ということです」と結んでいる。ティム・メイは『社会調査の考え方』で、ゴールドによる「完全な参与者」「参与者としての観察者」「観察者としての参与者」「完全な観察者」を用いて自らを省みるよう考察すること、作成されたデータの種類について考察すること、と主張しているが参考になる。参与観察法では参加の度合・仕方はさまざまあり、調査対象と観察者の距離・関係は多様である。

観察とは何か

次いで「観察」について考えてみたい。「観察」とは「見る」ことである。この「見る」は、「百聞は一見にしかず」と高く評価されてきた。だが、私は「百聞は一見にしかず、一見は一触にしかず、一触は一行にしかず」と言い換えて、「一見」の危うさに警鐘を鳴らしてきた。たとえば、お百姓さんの苦労は農村に行ってみないとわからない、とは言える。だが、農村に行っても、ただ遠くから見ただけではわからないことが多い。農機具を実際に触ってみたりすればもう少し実感が湧くし、さらにクワをふるって耕してみたりすればもっと実感できる。一触であり、一行である。だが、これでも不十分である。都会の人がほんの少しお百姓さんのまねごとをしたからといって、お百姓さんのことがわかるだろうか。突き詰めれば、お百姓さんになってみなければお百姓さんのことはわからないのである。なってみなければ苦労がわからないというだけではない。なってみなければそのなかにある楽しみもわからないし、慣れない人には苦労でも慣れた人にはそれほどでもないということもある。私は社会調査のデータ収集の方法は**「観察」と「質問」**であるとしている。参与観察法の命名で使われている観察という語は社会を調査するといったような広い意味で用いられているが、そのことが参与観察法という手法を不明瞭なままにしている。参与観察法で行なう調査の内容には多くの**聴取り**もある。ただ、生活史法のようにあらたまって質問をして答えてもらうというのではなく、ごく自然な状態のなかでの聴取りである。統計調査と比べれば、観察と質問がごく普通の状況のなかで混然一体となっていることが特色である。だが、突き詰めていけば「観察」と「質問」になる。

参与観察法の本質

「参加」「観察」を基本要素としていることをタテマエとしているために参与観察法による研究は実証的な研究として重視されるが、私はそこに落とし穴があるのではないかと一抹の危惧を抱く。なぜかといえば、参与観察法で得るデータは**一次データ**だとは限らないからである。調査者が直接観察したデータは直接的一次データである。対象者から聴取したデータは間接的ではあるが一次データである。これらは統計調査とも同じ関係である。参与観察法の場合、この二種類のデータだけであれば魅力ある調査報告書にはならないのではないか。集団のなかのメンバーが観察したことを聴取する、口づてに伝えられたことを集める、さらには対象とする集団のなかの特殊な人によるデータの収集、データの解釈も、調査者は重要なデータとして収集する。この場合、調査者にとっては一次データに見えるが、データの発信地となるべき当事者からみれば二次データ、三次データになっている。参与観察法がそのよさを発揮するのは、観察と聴取を複合的・総合的に行なうからである。二次データ・三次データも使用するところに意味がある。大切なことは、対象とした集団がどのような構造になっていて、どのデータはその集団のどこからどのように得たかということを明確に意識して使用することである。

ここで参与観察法の**調査者の視点**というものを考えてみたい。『サンチェスの子供たち』でルイスは、「私の目的は、急速に社会的経済的な変化をとげているラテンアメリカの大都市の中心部にある下層の共同住宅、その一間きりの家庭での生活、およびそこで成長することの意味を内側から見た姿を読者に提供することにある」と述べている。外部の調査者ではあるが**「内側から見た」**ということを重視している。このことは参与観察法の要件の一つなのかもしれない。だが一方で、内部の者が内部から見て調査は成立するのであろうか。私はそのことに疑問を感じている。事実がある、その事実を知っている、ということであれば、調査対象者が常にいちばんよく知っている者である。だが、その事実は、関連づけたり意味づけたり解釈されたりしているわけではない。外部の研究者だからそれができる。研究者の目が重要なのである。佐藤郁哉は『フィールドワーク』で、「フィールドワーカーが行なう典型的な調査の方法は、現地の社会に入り込み、少なくとも一年か二年現地の人々と行動をともにし、その実際の体験を通して、その社会の成り立ちや文化を丸ごととらえようとする、参加観察とよばれるやり方です」と、方法を述べた後、「参与観察を行なうフィールドワーカーは、一方ではインフォーマントたちと友だちづきあいをし、彼らの生活の中心部分に関与しながらも、他方では、それを記録し分析するという作業をすることによって彼らとは一歩距離をおいたスタンスをとらざるを得ません」と、「第三者としての外側からの眺め」の必要性を指摘している。参与観察法による調査は、調査対象と調査者とがあってはじめて成立するのである、ということをまず確認しておきたい。事実があるから調査結果があるのではなく、調査者の目があるから調査結果になるのである。

参与観察法の活用

参与観察法をその名称から「参加」「観察」ということに焦点を当てて検討したが、そのように「参加」と「観察」が特長と考えるのは妥当なのであろうか。答えは「否」である。統計調査は対象を個人とか世帯といった調査単位の集まりであると見るのに対し、参与観察法による調査のような事例調査は調査対象を一つのまとまりとして見る。この見方に特色があるというのが正しい。また、「グラウンデッド・セオリー」とか「たたき上げ式理論」とか「漸次構造化法」とかいわれる調査をしながら少しづつ結論に近づくという結果の導き方に特色がある。研究や調査にとって、そうした漸次構造化のようなアプローチは不可欠であり、事例調査を統計調査から分かつ要件ではあるが、統計調査でも漸次構造化という考えは調査の過程のなかで必要なことである。参与観察法と一括りにせず、個々の調査や調査対象との距離や関係、データの収集の仕方、理論の構築の仕方を精密にとらえることが、参与観察法の調査が統計調査にもよい影響を与えることになるであろう。

参与観察法という優れた技法を、研究者個々人の職人技としてしまわず、もっと組織立った、広がりのある壮大な研究に活用できないだろうかという思いが私にはある。そこで、外部者でなく**当事者による調査**の可能性について述べてみたい。

第一は、研究者は自分の生活領域を積極的に調査対象として参与観察を行ない発表すべきである。ただ、自分の研究テーマと生活領域内で起っていることとが一致することは少ない。したがって、本格的な調査を行なう動機づけに欠ける。だから、他の研究者に素材を提供するという観点で、小規模な観察記録でよい。また、参与観察法を使う研究の道にすすむ者は、なるべく多様な経験をし、それを研究テーマの一つとしてもらいたい。ベッカーらのシカゴ学派の調査にはその手本がある。若い研究者に言いたい。発表しないまでも自分の生活領域内を対象として参与観察法を試みてもらいたい。参与観察法による調査は、調査対象の特異性で人を惹きつけていることが多く、特異な対象だから調査するということもあるが、そのために手法がおろそかになってはならないであろう。まず、なじみのある領域で手法をみがくべきではないか。

第二は、生活史法と重なるが、素人の参与観察法による報告書を積極的に集めることである。研究者の目をもっていないから、それがそのまま優れた調査とはならない。だが、類似のテーマの報告書がいくつも集まれば、それを専門の研究者が分析することによって新しい研究の道が開かれよう。素人に参与観察法での調査を呼びかけるとなれば、誰にでもわかるような参与観察法の入門書が必要になる。そのような入門書が現われることを期待したい。

第三は、参与観察法を行なうのに適した場所・時期を選んで、その観察記録を重視することである。手法より、事象の方を重んじるのである。私は個人的に興味深い光景を何度か見ている。その一つを紹介しよう。M新聞社がA印刷工場を建設したが、運用は別会社とした。A印刷工場の従業員は、M新聞社の社員、N製鉄会社からの出向社員、現地採用の社員の三種類で構成された。私はたまたまその工場の管理職でいたのだが、M新聞社の社員とN製鉄会社の出向社員との考え方が全く異なることを知った。新聞印刷に使用する紙は巻かれてロール状態になっている。製鉄所でつくられる鉄板も巻かれてロール状になる。M新聞社出身者は「紙は切れない」と手早く作業するようにはっぱをかけるが、N製鉄会社出身者は「鉄でも切れる」と慎重であった。作業場でケガ人が出た時のそれへの対応や安全についての考え方が全く異なるということもわかった。異なるというより水と油である。もしM新聞社にいたら、あるいはN製鉄会社だけにいたら、そうしたことがわかったかどうか。研究者がM新聞社の工場、N製鉄所の工場を比較調査すればある程度の違いはわかるが、そんなに鮮明に違いがとらえられるかどうか。文化の観察は異文化の衝突のときに自然にできるということを体験した。そうした事例を多く集めれば研究の素材として役立つのではないか。

統計調査が学ぶもの

さて最後に、統計調査と参与観察法との関係はどうあるべきか、ということに触れておきたい。統計調査はそれのみを使っているといたって便利である。質問文が悪かろうが、回収率が低かろうが、ともかく結果は数字である。そして適当に解釈すれば調査結果はそれなりのものに見える。だが、社会に迫るという観点から見れば、統計調査は事象の計測には向いているが解明には不向きだと言わざるをえない。参与観察法を検討すると、①調査対象と観察者の位置関係はどうか、②収集したデータはどういう性質のものであるか、③調査者の目で調査結果をまとめ上げていく過程はどうかといったことを考えることが必要だということがわかる。このことは、統計調査でも度合はともかく必要なのである。よい統計調査を行なうには、調査の設計以前に対象とする社会についてかなりのことがわかっていないといけない。だから、さまざまな研究や調査を踏まえて調査の設計に入るのがいい。もう一つの工夫は、一つの研究テーマで統計調査と事例調査とを組み合わせて行なうことである。

社会調査で収集するデータは厳密にいえば一次データであるとは限らない。統計調査でも対象者を通じて他の人はとかあなたの周りではどうかという尋ね方でデータを得る。事例調査でもインフォーマントを通じて対象集団のことを知ることが多い。その場合、解釈や意味づけが行なわれたデータということもある。収集したデータがどの程度一次データであるかの検討は参与観察法、統計調査に共通の課題である。それぞれ他を見ることで教わる面もあるはずである。

統計調査と事例調査では「調査単位の構成状況」と「全体の構造」ととらえ方が異なるとされているが、どちらも両方の見方を忘れてはならないのである。統計調査と事例調査を異なった手法として対立させるのではなく、それぞれの手法をなるべく細かく分解することによって、いろいろな調査の技を融合して調査を行なうという気風を生みだしていってもらいたいと期待している。

25章 「選挙制度」について

選挙と社会調査

選挙は政治制度である。選挙がどうあるべきかは政治制度として論じられるのが本来であろう。社会調査の選挙へのかかわりは、第一が選挙結果の予想、第二が選挙戦略の参考資料の提供、第三が選挙と選挙の間の民意の把握である。政治の世界で考えれば選挙が主、社会調査はあくまで従、選挙による民意の反映の補完である。I部3章で述べたように世論の発展段階は「議会の多数」「世論調査」となっており、選挙制度による世論よりも世論調査による世論の方がすすんでいると一見みえるが、世論調査での支持率が下がったからといって政権の座を降りねばならないわけではないし、どんなに人気があっても選挙で当選しなければ政権にはつけないのであるから、選挙の方が重要なのである。

世論を調べる、民意を問うということを考えた場合、選挙と調査では、選挙はやり方がある程度限られており、社会調査の方はさまざまな方法が工夫できる柔軟さがある。当然のことながら、よりよい選挙制度を目指して選挙制度はどうあるべきかが検討されてきてはいるが、政治制度の改正という枠の中での取り組みでは思考の幅はそうは拡がらない。一方、社会調査の方は、課題解明という一点を目指して、ときには調査の枠をすら超えたような工夫さえされる。実に柔軟である。

そのような状況を考えると、社会調査からの選挙制度への提言は思考を柔軟にするということで、大いに意義があるのではないだろうか。批判を恐れずあえていえば、**選挙、住民投票は社会調査の一種**である。社会調査の方法として論じられてしかるべきなのである。西平重喜など活発に提言している人(『世論反映の方法』)もいるが、社会調査側からの選挙のあり方への提言は総じて少ない。そこで、社会調査では当然問題視されてよいのにまかり通っている選挙制度(あるいは住民投票)についていくつか論じてみたい。

最高裁判事の信任投票

まずは最高裁判事の国民による信任投票である。多くの人が指摘しながら、実害がないからであろうか、未だにそのままである。最高裁判事は内閣が任命するが、任命後はじめて行なわれる衆議院議員総選挙で、その後は一〇年を経るたびに国民の投票で審査される。この審査はよく知られているが、対象となる判事の名前があらかじめ印刷されていて、もし信任しない判事がいればその名前に×印をつける、信任する場合は何もしなくてよい、というものである。

すでに二つの点が指摘されてきている。一つは、あらかじめ名前を印刷しておくと前の方ほど印がつきやすい（順序効果）、そのため公平を欠くというものである。これまでの投票でその傾向は明らかに見られるが、そう大きなものではない。また、そのために不信任ということはまずないので、許されているのであろう。国民投票の用紙を少なくとも二種類以上つくり、氏名の並べ方を変えておけば、ほぼこの問題は解消される。何千万枚もの投票用紙を作成しているわけであるから、二種類、三種類つくることは不自然ではない。問題はそうした考えを政治制度に導入するかどうかである。もう一つの指摘は、「○と×をつけさせる」あるいは「○をつけさせる」ではなく「×だけをつけさせる」という方法の是非である。社会調査の常識からは考えられないが、よほどでなければ不信任はないという考えにもとづいた政治制度ということでは、異なる議論もあるのかも知れない。

選挙制度への疑問

選挙の投票はどうなっているのであろうか。日本の場合は投票用紙に選挙管理委員会が認めた名前（原則として本名）を書くことになっている。世界的に見ればこれはいろいろあるなかの一つの方法であって、そうでなければならないという方法ではない。名前を記入するという方法の利点としては、名前が印刷されていて印をつける方法に比べて、並び順による歪み（**順序効果**）がないということがある。また、候補者が多い場合には投票用紙が小さくて済むということもある。だが、社会調査ではまずみられないシステムが選挙の場合はある。名前を空欄に記入する場合は、社会調査の場合は**純粋想起法**にあたり、名前が浮かぶ率が下がる。選挙の場合は想起して（思い出して）書くのではない。記載所の前の壁に名前が張り出してある。それを見て書くわけで、その張り出しの順序効果があるかどうかということはわかっていない。名前を記入させる方法の利点はいくつもあるが、まぎらわしい票の判定に労力を費やさざるをえないことは間違いない。まぎらわしい票をなくす、あるいは選挙向きの名前（書きやすい名前）をあまり気にしなくてもよくなるような投票方法を検討してみることも必要ではないか。名前でなく記号を記入させるとか、印をつける方式への変更などである。

社会調査から見た選挙への大きな疑問は、**多項単一選択**でいいのかということである。統計調査で回答を記入させるのではなく、選択肢を用意しておいて選ばせる回答方式の場合、私は「一項単一選択」「二項単一選択」「多項単一選択」「多項制限選択」「多項複数選択」というように分けて考えている（一八六頁）。自治体の長の選挙や国会議員の小選挙区での選挙のように一人を選ぶ場合（単一選択）、「多項単一選択」の一位を当選としていいかという問題である。一位ではなく、投票の過半数とすべきで、一位が過半数に達していない場合は上位二者の決選投票というのが世界的には普通のようだ。二度の選挙がわずらわしいとか、経費がかかるということはあるが、政治の重要性を考えたら、決選投票は当然ではないだろうか。有力候補がひしめく東京都知事選では、悲喜こもごもということがよくある。地方では、分裂した陣営が敗れるということを繰り返している。文化価値の高いとされる校舎を建て替えるか保存するかで対立し全国に報道された滋賀県豊郷町の町長選挙は、決選投票の有無が結果を変えたと思われるわかりやすい例である。

一九九九年に行なわれた同町の町長選挙では、有権者五四四七人中の四七〇〇人が投票し、大野町長は一五九四票で町長になっている。投票数の三四パーセントである。校舎建て替え問題が出た二〇〇三年には町長のリコール投票が行なわれ、有権者五六〇三人中の四五二〇人が投票し、賛成二四五〇票、投票数の五四パーセントでリコールが成立した。直後の町長選には大野町長に対抗して前回二位の伊藤、三位の戸田が立候補、大野町長は二二〇四票で再選された。有権者五五六九人中の四六一八人が投票したので、大野町長の得票率は投票数の四八パーセントである。町を二分した選挙であっただけに過半数に達しなくて再選とはしっくりしないものがある。リコールは一項単一選択、選挙は三項単一選択であった結果である。

日本の選挙では「**多項制限選択**」はまず見られないが、あってはならないというものではない。市全体を選挙区とし一〇人以上もの市議を選出する選挙で「多項単一選択」的な選挙には違和感を覚える。立候補した側も手探りだろうが、投票する側も手探りである。誰かが大量に票を取ってしまうと好ましくない結果をもたらすという漠たる気持もあるから、選挙に燃えるものがないようにも感じる。さりとて、地区を分けるのは地区が自然に出来上がっていないとむつかしい。ならば、二名連記とか三名連記にするというのも一案ではないか。選挙のおもしろみが出て、少しは選挙戦が活性化するかも知れない。もっとも、一匹狼のような候補や小さな政治勢力の候補は不利だと反対するであろう。「この二名を」とか「この三名を」という選挙運動によって政党や政治勢力が乱されるという反対もあろう。そうではあるが、「多項単一選択」で上位一〇名以上を当選とする選挙がそのままでいいのかということは再考されるべきであろう。

社会調査の側から、選択方法によってどのように結果が異なるかということを参考までに述べておきたい。多項単一選択でも、多項制限選択でも、多項複数選択でも、項目の選ばれる順位は変わらないと普通は考えられるが、そうでもないケースもある。私が毎日新聞社時代に、販売店主さんを対象に新聞を購読してもらうのに重要なものは何かを調査したことがある。六項目から選んでもらったが、単一選択では一位「紙面内容」三五・九パーセント、二位「サービス品」一八・四パーセント、三位「イメージ」一一・七パーセントであった。それが三つの制限選択では一位「配達員・店員の態度」六四・五パーセント、二位「サービス品」五九・八パーセント、三位「紙面内容」五八・六パーセントであった。どちらも調査の結果であるが、どちらをとるかで政策が変わってこよう。選挙で一人選ぶか三人連記にするかは、どのような人が選ばれるかということにも影響してくる。選挙制度に**連記制**が採用されるということは現実的にはむつかしいだろうが、多項単一選択の結果を無批判に受け入れないために、こうした社会調査での研究にも関心をもってもらいたい。

投票率について

選挙の投票率、住民投票の問題を考えてみたい。選挙制度としてみても、社会調査としてみても、投票しない人（回答しない人）も人として厳然として存在しているわけであって、いないのではない。社会調査であればデータを読むときに**回収率**を考慮するということになるが、選挙制度ではそれはしづらい。当選か落選かだからである。まず注文をつけたいのはマスコミの報道である。勝てば官軍という風潮のことが多いが、どれぐらいの**投票率**で勝ったのか、どれぐらいの差で勝ったのかと、勝った負けたの報道と同時にその実態を冷静に報道してほしい。投票に対する**得票率**と合わせて、常に有権者に対する得票率を併記するのがよいのではないかと私は思う。そして、選挙結果によってはペナルティを設けることを考えてもよいのではないか。投票率が一定水準を超えなければ選挙を無効にするとか、当選はしたが任期を短くするとかである。投票するもしないも自由である。だが、民主社会でありつづけることを願うなら投票に行くということは最低限の義務だということを、多くの人に浸透させる必要もある。

選挙・住民投票・世論調査

投票に行くか行かないかは、住民投票では選挙とはまた異なる動きがある。**住民投票**というのは、ある特定のことについて住民の賛否を問うものである。実施されるならみんなが投票に行くべきであるが、現実はそうでない。選挙と異なって、住民投票では投票そのものが問題になることがあるので、しばしば**投票ボイコット**という作戦がとられる。ボイコットして住民投票が無効になればいいが、成立すると一方の意見の比率が極端に高く出ることになる。それでいいのか、という問題がある。社会調査よりも質問と回答の形式が単純な住民投票という手法を政治に組み込むには、もっと研究され、経験を積むことが必要であろう。

住民投票で重要なことは、どの地域の住民の投票とするかである。選挙制度の補完としてのリコール制度などは明確だが、あることがらをめぐって利害がからむときの住民投票は利害関係者による投票となることが多く、しばしばブレーキの役割を果たす。平成の市町村合併でも、合併の是非をめぐって住民投票が行なわれ、そして合併中止がいくつも出た。その一つ、南埼玉での四つの市の合併構想についてみよう。四市の合併が計画されたが和光市の住民投票で反対が多く、実現しなかった。理由は簡単である。和光市だけが大企業があるために財政豊かなので、財政の豊かでない市との合併に反対したのである。社会調査でいえば、調査対象をどう設定するか、そしてそのなかをどう分けてデータを見るかがまず問題になるが、住民投票の場合はそのような見方でなく、もっと利害で硬直する。そう考えると、住民投票は慎重にし、もっと世論調査、それも第三者による世論調査が多用されるべきではないかと思う。

選挙制度について私の考えを述べれば次のようになる。

第一は、**民主主義**を大切にしようということである。民主主義は政治の方向を決めたり、重要なことを判断したりするときに必ずしもよく機能するとは限らない。また、民主的にすすめることは常に効率が悪いといっても過言ではないであろう。それでも、民主主義が人間の社会にとって最も望ましい制度であることは歴史が証明していることであると思う。

第二は、民主主義である限り選挙は避けて通れない制度である。だが、選挙の仕方、あり方には決まった型があるわけではない。小選挙区でいいか大選挙区がいいか、比例代表性がいいか、候補者本位がいいか、など考えてみるべきことは多い。単記か連記かということも考えてみるべきである。それらの制度のもつ意味をもっと詳細に研究する必要があろう。そのためには社会調査の研究が役立つ。

第三は、選挙、住民投票、世論調査をまず並列に置いて、民主的な社会の運営にはどれをどのように使うのが最も望ましいかを検討することである。四年間の政治をまかせる衆議院議員選挙を、一つの政策の是非を問うことで行なったり、あまりに具体的な政策を約束するのはいかがなものかと言いたい。選挙は政党や議員を選ぶもの。個々の重要政策への民意は住民投票や世論調査で見ればよい。民意を政治に反映する方法は多様であるべきだという考えに立って、選挙、住民投票、世論調査がどう運営されどう役立つべきか技術的に研究される必要があると言いたい。

あとがき

毎日新聞社ならびにその関連会社に勤務するかたわら、東洋大学社会学部の二部で社会調査の授業を担当して四〇年になる。本書および姉妹編の『世論調査で社会が読めるか』はその講義ノートをもとにした社会調査の啓蒙書である。授業で学生たちに伝えたかったことを本にしたものでもある。本の「あとがき」としては少々逸脱するが、私の講義ノートについての若干の説明と、この本に盛り込めなかった私の社会調査への考えを述べさせてもらいたい。

東洋大学で最初に担当した授業は「社会調査及び実習」であった。設けられていた実習は一講座、しかも必須のため受講生が多かった。それに二部であるため夏期にフィールドワークを行なうというようなこともできなかった。そこで優れた調査例を紹介する講義形式にし、希望者には私が仕事で行なう調査の調査員を体験させるということにした。その講義が、社会調査の実例に学ぶということを私の身につけさせたと思う。やがて「社会調査入門」も担当するようになった。その後一時「社会調査入門」だけになったが、再び「社会調査及び実習」も担当するようになった。一講座が三講座になっていたので、都内を対象地域としてエリア・サンプリングで調査を実施する授業にした。詳しく述べる余裕はないが、テーマごとの小グループにすると同時に、調査票作成、実査などの作業ごとの委員会を横断的に設けることで調査実習の一つの形をつくり上げた。ときには二種類の調査票を設けることで質問の仕方でいかに結果が異なるかを実感させた。現在は「社会調査入門」を担当しているだけであるが、実習は五講座になり統計調査と事例調査のどちらも学べるようになっている。東洋大学の社会調査の授業が充実してきていることを喜ばしく思う。私の「社会調査入門」の講義ノートはそうした経験を背景に持ちながら、毎年更改し、そして数年に一度は大幅に組み替えて今日に至っている。

ここ数年に関していえば、高千穂大学経営学部で「社会調査論」を講じるようになり、マーケティング・リサーチを意識して取り込んだ。また聖徳大学で「マーケティング実務」を担当し、学生に小売店の品揃えを観察させるようになった。そのため「ウォッチング」も講じている。駒沢女子大学で「メディア論」を教えるため記号論に興味を持ったが、社会調査を考えるヒントを得た。そうしたことに加えて、どの大学でも前期後期を分離するセメスター制が導入され、東洋大学での社会調査入門もⅠとⅡに分けることになった。また、「社会調査士」という資格が設けられたため、私の授業もそのための要件を満たす必要が出てきた。そして何よりも大きなことは、社会調査のあり様がこの四〇年で大きく変化したことである。そうした結果で成り立っているのが今日の講義ノートである。本にはそのすべてを盛り込むことはできなかったので、社会調査の学習のための地図を示す意味で私の講義の章・節を巻末に示しておく。

さて、本に盛り込めなかった私の社会調査への考えであるが、授業では機会をとらえて「頭で見、足で考えよ」ということを強調している。「足で考えよ」というのは、仕事をしている人が判断するときなるべく一度は現場に立ってみよということで、社会調査とは直接は関係ない。「頭で見」というのは社会調査でもそうだが、経験レベル（目で見る）と同時に思考レベル（頭で考える）があってはじめてものごとは見えるという意味である。社会調査を学ぶ人に私は「頭で見よ」ということを強調したい。

もう一つは「虫の目、人の目、鳥の目」である。佐藤郁哉氏は『フィールドワーク』で「虫の目、鳥の目」ということを強調している。「虫の目、鳥の目」とはうまいことを言うものだと思い、ウオッチングの指導などで流用させていただいている。「虫の目」「鳥の目」で見ることをわからせるため、「人の目」も加え、まず「人の目」で見、それとは視点の異なる見方をしてみよと指導している。メディア論の観点からは、例えば戦争報道で、傷ついた一般市民をアップした写真を載せれば戦争の悲惨さは強調されるし、航空機から撮ったピンポイント攻撃する映像では悲惨さはほとんど伝わらない。目の位置の重要さをしみじみ感じる。事例調査の場合は目の位置を変えることは基本的なことであるのかもしれないが、統計調査は目の位置を固定させる傾向がある。だが、それはよいことではない。統計調査を行なう人も「鳥の目、人の目、虫の目」を意識すべきである。私は大学で社会調査を講じるとき、社会調査の技術だけでなく社会の見方を教えてきた。教えることを突き詰めれば、「頭で見、足で考えよ」「虫の目、人の目、鳥の目」ということになる。さて、私の社会調査についての考えはいまだにまとまらないが、とりあえずは「社会調査とは足と頭を使って社会を数値的にとらえる活動」ということにしておく。

大学での講義の機会を与えて下さった多くの方々と私の授業を熱心に受けてくれた学生諸君のお蔭でこの本を書くことができた。心から感謝申し上げる。講義ノートは四〇年かかってつくられた。その中味は先人の書かれた本や論文、講演会でのお話などに負っている。今となっては、どの知識がどなたからか、よくはわからなくなっている。ここで謝意を表することでお許しいただきたい。この本を読まれた人が社会調査を学ぶためによいと思う本を巻末に掲載した。それは謝意を表してということでもある。

本書はもっと早く出したかったが著者の能力のなさのために大幅に遅れた。なんとか出版にこぎつけられたのは弟敦実と編集者の渦岡謙一さんのたいへんな助言・助力のお蔭である。お二人なくしては本書は日の目を見ることはできなかったであろうと思っている。心から感謝申し上げる。前著同様今回も出版を快諾下さった堀江洪社長に心から御礼申し上げたい。

平松貞実

社会調査入門Ｉ・Ⅱ

社会調査論

第１章　社会調査とは何か
（１）社会調査のイメージ
（２）社会科学の研究方法
（３）世論と世論調査
（４）社会生活と社会調査
（５）社会調査の定義

第２章　社会調査の過程と手順
（１）研究という名の仕事
（２）社会調査の過程
（３）質的調査（事例調査）の過程
（４）社会調査に関係する人たち
（５）量的調査（統計調査）の手順

第３章　社会調査の種類
（１）統合的な性格による分類
（２）調査のテーマによる分類
（３）調査の仕方による分類
（４）研究過程による分類
（５）マーケティング・リサーチの分類

第４章　社会調査の歴史
（１）人口調査の歴史
（２）研究調査の歴史
（３）世論調査の歴史
（４）マーケティング・リサーチの歴史
（５）変貌する社会調査

第５章　社会調査の現実と課題
（１）社会統計と社会調査
（２）日本の主な継続調査
（３）日本の社会調査の現状
（４）日本の社会調査の課題
（５）社会調査の倫理と法規

統計調査法

第１章　調査対象選定の技法
（１）調査対象の選定
（２）調査と調査単位
（３）サンプリングの方法
（４）無作為抽出とサンプリングの誤差
（５）エリア・サンプリングの実際

第２章　データ収集の技法
（１）データ収集の方法
（２）調査主体、調査員、対象者
（３）郵送調査、電話調査
（４）新しい機器・通信手段を使った調査
（５）社会調査と時間の問題

第３章　質問・調査票作成の技法
（１）問題意識、作業仮説
（２）質問文・選択肢の作成
（３）フェース・シート
（４）調査票の構成
（５）動機調査、イメージ調査、態度測定

第４章　データの整理・分析の技法
（１）データの性質とデータの整理
（２）集計の方法
（３）調査データの見方
（４）相関関係
（５）多変量解析、クラスター分析

第５章　調査結果の表現・保存の技法
（１）調査データの形態と伝播
（２）調査結果の表現方法、発表方法
（３）グラフの使い方の技術
（４）社会調査の報告スタイル
（５）データベース、データバンク

引用・参考文献

本書が出来上がるまでに参考にさせていただいた本・雑誌は多いが、ここでは社会調査の勉強をしようと思う読者の参考になりそうなものを中心に紹介する。入門書は類書が多いので、その一部のみを挙げる。また姉妹編である『世論調査で社会が読めるか』で紹介したものは、なるべく重複を避けたことをご容赦願いたい。

1 「I部　社会科学と社会調査」で主に参考にさせていただいた本

清水幾太郎『オーギュスト・コント』岩波新書、一九七八年
川喜田二郎『発想法』中央公論社、一九六七年
吉田洋一・西平重喜『世論調査』岩波新書、一九五六年
宝月誠・中道實・田中滋・中野正大『社会調査』有斐閣、一九八九年
盛山和夫『社会調査法入門』有斐閣、二〇〇四年
ティム・メイ『社会調査の考え方』中野正大監訳、世界思想社、二〇〇五年

新睦人『社会学の方法』有斐閣、二〇〇四年
アアロン・シクレル『社会学の方法と測定』下田直春監訳、新泉社、一九八一年
S・ウェッブ、B・ウェッブ『社会調査の方法』川喜多喬訳、東京大学出版会、一九八二年
佐藤郁哉『フィールドワーク』新曜社、一九九二年
アンソニー・ギデンズ『社会学』松尾精文ほか訳、而立書房、一九九二年
G・C・ホマンズ『ヒューマン・グループ』馬場明男・早川浩一訳、誠信書房、一九五九年
W・リップマン『世論』掛川トミ子訳、岩波文庫、一九八七年
世論調査研究会編『世論調査ハンドブック』原書房、一九九〇年
津金澤聡廣・佐藤卓己編『広報・広告・プロパガンダ』ミネルヴァ書房、二〇〇三年

2 「Ⅱ部 統計調査の歴史」で主に参考にさせていただいた本

安田三郎『社会調査ハンドブック』有斐閣、一九六〇年
原田勝弘・水谷史男・和気康太編『社会調査論』学文社、二〇〇一年
小林茂『社会調査論』文眞堂、一九八一年
大橋隆憲・宝光井顕雅・吉原直樹編『社会調査論』法律文化社、一九八五年
福武直・松原治郎編『社会調査法』有斐閣、一九六七年
G・イーストホープ『社会調査方法史』川合隆男・霜野寿亮訳、慶応通信、一九八二年
石川淳志・橋本和孝・浜谷正晴編『社会調査――歴史と視点』ミネルヴァ書房、一九九四年
G・ギャラップ『ギャラップの世論調査入門』二木宏二訳、みき書房、一九七六年

奥村忠雄・多田吉三『家計調査の方法』光生館、一九八一年
H・メイヒュー『ロンドン路地裏の生活誌』植松靖夫訳、原書房、一九九二年
中川清編『明治東京下層生活誌』岩波文庫、一九九四年
岩本正次・原田勝弘・高野史郎『生活調査』ドメス出版、一九七四年
藤竹暁『マス・コミュニケーションの社会学』竹内書店、一九七二年
V・パッカード『かくれた説得者』林周二訳、ダイヤモンド社、一九五八年
戸川行男・牧田稔編『モチベーション・リサーチ』中央経済社、一九六〇年
岩下豊彦『SD法によるイメージの測定』川島書房、一九八六年
本田令吉『市場調査論』千倉書房、一九七五年
R・S・リンド『ミドルタウン』中村八朗訳、青木書店、一九九〇年
W・L・ウォーナー『アメリカ人の生活構造』嶋澄訳、みき書房、一九九七年
村田昭治・吉田正昭・井関利明編『ライフスタイル発想法』ダイヤモンド社、一九七五年
松原治郎編『教育調査法』有斐閣、一九八五年
小杉肇『統計学史』恒星社厚生閣、一九八四年
木村和範『標本調査の生成と展開』北海道大学図書刊行会、二〇〇一年、
岡本宏・中西尚道・西平重喜・原田勝弘・柳井道夫『ケース・データにみる社会・世論調査』芦書房、一九八五年
江口英一編『日本社会調査の水脈』法律文化社、一九七〇年
川口隆男『近代日本における社会調査の軌跡』恒星社厚生閣、二〇〇四年

3 「Ⅲ部　社会調査の技法」「Ⅳ部　社会調査を考える」で主に参考にさせていただいた本

島崎哲彦編『社会調査の実際』学文社、二〇〇〇年
大谷信介・木下栄二・後藤範章・小松洋・永野武編『社会調査へのアプローチ』ミネルヴァ書房、一九九九年
高島秀樹『社会調査』明星大学出版部、一九九七年
K・F・パンチ『社会調査入門』川合隆男監訳、慶応義塾大学出版会、二〇〇五年
続有恒・村上英治編『心理学研究法9　質問紙調査』東京大学出版会、一九七五年
T・W・マンジョーニ『郵送調査法の実際』林英史監訳、同文館、一九九九年
後藤秀夫『市場調査マニュアル』みき書房、一九七七年
林知己夫監・多賀保志編『調査とサンプリング』同文書院、一九八五年
佐藤博樹・石田浩・池田謙一編『社会調査の公開データ』東京大学出版会、二〇〇〇年
西平重喜『世論反映の方法』誠信書房、一九七八年
石川淳志・佐藤健二・山田一成編『見えないものを見る力』八千代出版、一九九八年
林文・山岡和枝『調査の実際』朝倉書店、二〇〇二年
佐藤郁哉『実践フィールドワーク入門』有斐閣、二〇〇二年

4 社会調査の啓蒙書

平松貞実『世論調査で社会が読めるか』新曜社、一九九八年

ダレル・ハフ『統計でウソをつく法』高木秀玄訳、講談社、一九六八年
林知己夫『調査の科学』講談社、一九八四年
谷岡一郎『「社会調査」のウソ』文春新書、二〇〇〇年

5 主として利用させていただいた辞典・事典

森岡清美・塩原勉・本間康平編『新社会学辞典』有斐閣、一九九三年
北川隆吉監修、佐藤守弘・三溝信・副田義也・園田恭一・中野収編『現代社会学辞典』有信堂高文社、一九八四年
見田宗介・栗原彬・田中義久編『社会学事典』弘文堂、一九八八年
芝祐順・渡部洋・石塚智一編『統計用語辞典』新曜社、一九八四年
見田宗介・上野千鶴子・内田隆三・佐藤健二・吉見俊哉・大澤真幸編『社会学文献事典』弘文堂、一九九八年
塩原勉・松原治郎・大橋幸編『社会学の基礎知識』有斐閣、一九六九年
NHK放送文化研究所『世論調査事典』大空社、一九九六年
林知己夫『社会調査ハンドブック』朝倉書店、二〇〇二年
ロバート・M・ウスター、ジョン・ダウナム『消費者市場調査ハンドブック』北原一身訳、日本能率協会、一九八九年

ら　行

わ　行

ま　行

や　行

は　行

な 行

た　行

さ　行

索　引

欧　文

あ　行

か　行

著者紹介

平松貞実（ひらまつ　さだみ）

1937年　三重県生まれ。

1962年　東京大学文学部社会学科卒業。東京大学新聞研究所修了。

1962年　毎日新聞社入社。販売企画本部長などを経て、

現　在　毎日セミナー校長。また、東洋大学社会学部、高千穂大学経営学部、駒沢女子大学人間関係学科、聖徳大学現代ビジネス学科、各非常勤講師。

著　書　『世論調査で社会が読めるか』（新曜社）、『社会学的なものの見方』（エコー協同仕入機構）、『消費市場のセグメント戦略』（ADO）、『現代社会変化と消費者・企業行動』（共著、税務経理協会）。

新曜社 社会調査で何が見えるか
歴史と実例による社会調査入門

初版第1刷発行　2006年11月30日©

著　者　平松貞実

発行者　堀江　洪

発行所　株式会社新曜社

〒101-0051　東京都千代田区神田神保町2－10
電話(03)3264-4973(代)・Fax(03)3239-2958
http://www.shin-yo-sha.co.jp/

印刷　銀　河　　Printed in Japan

製本　イマヰ製本所

ISBN4-7885-1029-4　C1036